शूद्रक

अक्षय निधि प्रकाशनमाला

संपादक : श्रीराम तिवारी

स्वराज संस्थान संचालनालय

संस्कृति विभाग, मध्यप्रदेश शासन

शूद्रक

डॉ. भगवतीलाल राजपुरोहित

राजकमल प्रकाशन
नयी दिल्ली पटना इलाहाबाद

ISBN : 978-81-267-2400-0

मूल्य : ₹ 80

पहला संस्करण : 2013

प्रकाशक : राजकमल प्रकाशन प्रा. लि.
1-बी, नेताजी सुभाष मार्ग
नई दिल्ली-110 002

शाखाएँ : अशोक राजपथ, साइंस कॉलेज के सामने, पटना-800 006
पहली मंजिल, दरबारी बिल्डिंग, महात्मा गांधी मार्ग, इलाहाबाद-211 001

वेबसाइट : www.rajkamalprakashan.com
ई-मेल : info@rajkamalprakashan.com

स्वराज संस्थान संचालनालय
संस्कृति विभाग, मध्यप्रदेश शासन
रवीन्द्र भवन परिसर, भोपाल-462002

आकल्पन : मध्यप्रदेश माध्यम, भोपाल

मुद्रक : बी.के. ऑफसेट
नवीन शाहदरा, दिल्ली-110 032

SHUDRAK
by Dr. Bhagwatilal Rajpurohit

अक्षय निधि

सांस्कृतिक चेतना के विकास के उद्देश्य से स्वराज संस्थान संचालनालय द्वारा अक्षय निधि प्रकाशनमाला के अंतर्गत सभी समय के शीर्ष रचनाकारों और चिंतकों की कृतियों से सुबोध संस्करण के प्रकाशन की महत्तर योजना है।

कालिदास, भर्तृहरि, भास, वराहमिहिर, वररुचि, भवभूति, पतंजलि, भास्कराचार्य, बाणभट्ट, राजशेखर, भोजदेव से लेकर तानसेन, केशव, पद्माकर, ईसुरी, स्वामी प्राणनाथ, स्वामी सेन, संत पीपा, स्वामी धर्मदास, गंदाधार भट्ट, हरिदास स्वामी, संत सिंगाजी, चंद्रशेखर आजाद, महात्मा अक्षर अनन्य, माखनलाल चतुर्वेदी, बालकृष्ण शर्मा नवीन, सुभद्रा कुमारी चौहान, वियोगी हरि, मुक्तिबोध, नरेश मेहता, पंडित सूर्यनारायण व्यास, डॉ. शिवमंगल सिंह सुमन– ये ऐसे नाम हैं जिन्होंने अपने कृतित्व और प्रखर चिंतन से हमारे समाज और संस्कृति को उत्कर्ष देने का काम किया है। ये हमारी महानतम अक्षय निधि हैं। सौभाग्य से इनकी कर्मभूमि मध्यप्रदेश रहा है। उपर्युक्त नामों के अतिरिक्त भी कई और शीर्ष नाम हो सकते हैं, जिन्हें हम अक्षनिधि योजना में शामिल करना चाहेंगे। इससे हमारा सांस्कृतिक पर्यावरण बेहतर होगा।

संस्कृति केवल कलात्मक रुचि की भूमि नहीं है, यह स्वाधीन चेतना की कसौटी भी है। किसी राष्ट्र और समाज की स्वराज-भावना कितनी प्रबल है यह उसकी सांस्कृतिक गतिविधि और रुचि में प्रकट होती है। हमारी प्रकाशन योजना में शामिल हुए महापुरुष अपने-अपने समय में विशाल बौद्धिक और सामाजिक आंदोलनों के प्रेरणास्रोत और मनुष्य की स्वाधीनता के सजग चिंतक रहे हैं। इनका महत्त्व दमन, अज्ञान, अंधविश्वास के विरुद्ध सामाजिक स्वाधीनता के लिए किए गए संघर्ष में है। इनके कृतित्व का भी गहरे अर्थों में महान राजनीतिक मूल्य है। सांस्कृतिक अनुष्ठानों के बगैर राजनीतिक अभियानों में नैतिक शक्ति आ ही नहीं सकती। इसलिए यह अनुष्ठान हर दौर में जरूरी रहा है। अंगरेजी हुकूमत के दौर में, और उसके पहले भी, और आज भी इसका महत्त्व उतना ही है। कई मायने में पहले से ज्यादा।

अक्षय निधि के रूप में हमने जिन कृतियों का चुनाव किया है उनमें से अधिकांश सहज उपलब्ध नहीं हैं। कुछ तो लगभग अप्राप्य हैं। दूसरी बात, पुरानी कृतियों को आधुनिक भाषाओं में लाने और लोकप्रिय स्वरूप देने के प्रयास बहुत कम हुए हैं। अनूदित रूप से अकादेमिक उपयोग की वस्तुएं ही अधिक दिखाई पड़ती

हैं। यह सब देखते हुए हमने अक्षय निधि के अंतर्गत महान कृतियों के मूल पाठ के साथ-साथ बोधगम्य भाषान्तरण अथवा पुनर्रचना को बड़े पाठक समुदाय तक पहुँचाने का संकल्प किया है। आधुनिक लेखकों की कृतियों के प्रकाशन में भी हम उनके लोकग्राही स्वरूप पर विशेष ध्यान रखेंगे। पहले क्रम में भर्तृहरि के शतकत्रयी से चुने हुए श्लोकों की अनुरचना, वराहमिहिर द्वारा भू-जल उपयोग पर केंद्रित कृति 'जल जीवन है', भवभूति की 'उत्तररामचरित', भोजदेव की 'समरांगण सूत्रधार' और 'नाट्यकार शूद्रक' की अनन्य कृति प्रस्तुत कर रहे हैं। आशा है, हमारा यह प्रयास वृहत्तर समाज के विकास और सांस्कृतिक जरूरतों को पूरा करने में सहयोगी होगा।

श्रीराम तिवारी
संचालक
स्वराज संस्थान संचालनालय
संस्कृति विभाग, मध्यप्रदेश शासन, भोपाल

अनुक्रम

शूद्रक

शूद्रक दुर्लभ भारतीय विभूतियों में से एक ऐसी विभूति है जिसने तलवार और लेखनी, असि और मसि दोनों ही क्षेत्रों में अपनी न केवल धाक जमाकर गरिमा प्राप्त की थी अपितु जिसने विक्रमादित्य के समान मिथकीय प्रभामंडल भी अर्जित कर लिया था। पुराणों, कथा-कहानियों, काव्यों तथा काव्यशास्त्रों की संस्कृत, प्राकृत या अपभ्रंश में जो धाराएँ अतीत में बहती रहीं शूद्रक उनमें कई बार जहाँ-तहाँ दिखाई देता रहा। विक्रमादित्य के समान शूद्रक भी ऐसा लोकप्रिय राजा रहा जिसके विषय में प्राचीन साहित्य में पर्याप्त लिखा गया परन्तु अब उसमें से स्वल्प ही जहाँ-तहाँ पाया जा सकता है। वह सब मिलाने पर शूद्रक के व्यक्तित्व के कुछ आयाम तो उभरते हैं परन्तु पूरा व्यक्तित्व प्रकट नहीं हो पाता।

स्कन्दपुराण के कुमारिका खण्ड में संकेत है कि कलि संवत् 3290 में वीरवर शूद्रक राजा होगा।

त्रिषु वर्ष सहस्रेषु कलेर्यातेषु पार्थिव।
त्रिशतेषु दशन्यूनेष्वस्यां भुवि भविष्यति।।
शूद्रको नाम वीराणामधिपः सिद्धिमत्र सः।
चर्चितायां समाराध्य लप्स्यते भूभयापहः।।

तदनुसार यह समय प्रायः 188 ई. होता है। कर्नल विलफ्रेड सहित कतिपय विद्वान् इस आधार पर उसे आन्ध्रभृत्य वंश का प्रथम सातवाहन सिमुक मानते हैं। इसने कण्व राजा सुशर्मा की हत्या कर राज्य पर अधिकार कर लिया था। परन्तु सिमुक का समय ईसवी पूर्व दूसरी सदी बताया जाता है। साथ ही राजशेखर अपनी काव्य-मीमांसा में वासुदेव, सातवाहन, शूद्रक, साहसांक आदि को भिन्न-भिन्न मानता है—

वासुदेव-सातवाहन-शूद्रक-साहसांकादीन्। (पृष्ठ 119)

इससे ज्ञात होता है कि शूद्रक और सातवाहन की पृथक्-पृथक् पहचान थी। इसी वाक्य में शूद्रक के साथ ही साहसांक का भी उल्लेख हुआ है। साहसांक विक्रमादित्य को कहते थे। इस पंक्ति में शूद्रक और साहसांक को भिन्न-भिन्न माना गया है

जबकि समुद्रगुप्त के कृष्णचरित में शूद्रक को विक्रमादित्य से अभिन्न माना गया है। तदनुसार इसने ही शकों को जीतकर अपने विक्रम का द्योतक विक्रम संवत् चलाया। फिर इसने ही मृच्छकटिक अथवा आर्यकजय नामक नौ अंकों का नाटक रचा जिसमें उस राजा का आत्मचरित भी है। इस कृष्णचरित के अनुसार शाकुन्तलकार नाटककार कालिदास इसी शूद्रक का आश्रित कवि था। अपने पुत्र देवमित्र को उत्तराधिकारी बनाकर वह मुनिवृत्ति से जीवन बिताने के लिए वन में चला गया। यह राजा शस्त्र और शास्त्र का ज्ञाता था। इसने धनुर्वेद, चौरशास्त्र और दो रूपक रचे थे। वह शस्त्र और शास्त्र दोनों ही क्षेत्रों में विपक्ष का विजेता था। इसका बुद्धिबल बौद्ध सह नहीं पाते थे। रणक्षेत्र में वह शत्रुसेना को नष्ट कर देता था। तपस्वी का व्रत करते हुए धर्म के लिए उसने राज किया। उसने शस्त्र-शास्त्र से राज्य जीता और प्रेम से उसे अपना घर बना लिया। इस प्रकार तब उसका साम्राज्य धर्म-शासित अथवा सदाचार और नियम से शासित था। उसकी शूद्रककथा जिन रामिल्ल-सौमिल्ल कवियों ने रची उन्होंने उसकी सभा में बड़ा मान पाया। उस परम पराक्रमी और सज्जनों द्वारा मानित राजा ने अश्वमेध किया। शकों को जीतकर उसने अपना विक्रम संवत् चलाया। फिर उसने नौ अंकों का (या भास के चारुदत्त की अपेक्षा नए अंक जोड़कर नवांक) **मृच्छकटिक** नाटक बनाया। आजकल यह दस अंकों का है। उसमें अपने विद्या, नीति और बल से ऊर्जस्वित आत्मचरित निवेश किया। दण्डी के अनुसार भी शूद्रक ने आत्मचरित लिखा था। इसी मृच्छकटिक की विद्वानों में आर्यकजय नाम से ख्याति हुई। इस प्रकार शूद्रक ब्रह्म-क्षत्र की तेज-राशि से सम्पन्न था। सिंहासन पर अपने पुत्र देवमित्र को बिठाकर वृद्धावस्था में वह मुनिवृत्ति से समय बिताने के लिए वन में चला गया। उसी राजा की सभा में प्रसिद्ध और प्रभावशाली कवि कालिदास हुआ जिसने रमणीय अभिनय सम्पन्न राजा दुष्यन्त की सरस प्रेमकथा रची। उस शाकुन्तल नाटक से कवि ने यश प्राप्त किया। इसके अतिरिक्त उसने रमणीय कथावस्तु के तीन अन्य छोटे नाटक रचे थे।

पुरन्दरबलो विप्रः शूद्रकः शस्त्रशास्त्रवित्।
धनुर्वेदं चौरशास्त्रं रूपके द्वे तथाकरोत्।।6
स विपक्षविजेताभूच्छास्त्रैः शस्त्रैश्च कीर्तये।
बुद्धिवीर्ये नास्य परे सौगताश्च प्रसेहिरे।।7
स तस्ताराररिसैन्यस्य देहखण्डै रणे महीम्।
धर्माय राज्यं कृतवान् तपस्विव्रतमाचरन्।।8
शास्त्रैर्विजितमयं राज्यं प्रेम्णाऽकृत निजं गृहम्।
एवं ततस्तस्य तदा साम्राज्यं धर्मशासितम्।।9
तत्कथां कृतवन्तौ यौ कवी रामिलसौमिलौ:।
तस्यैव सदसि स्थित्व तौ मानं बह्वाप्नुताम्।।10
सतां मतः सोऽश्वमेधं कृतवानुरुविक्रमः।

वत्सरं स्वं शकान् जित्वा प्रावर्तयत वैक्रमम्।।11
भूयः स मृच्छकटिकं नवाङ्कं नाटकं व्यधात्।
व्यधात्तस्मिन् स्वचरितं विद्यानयबलोर्जितम्।।12
तदार्यकजयं नाम्ना ख्यातिं विद्वत्स्वविन्दत।
एवं ब्रह्मक्षत्रतेजोराशिरासीत्स शूद्रकः।।13
उपवेश्य निजं पुत्रं देवमित्रं निजासने।
वार्धके मुनिवृत्त्यैव नयन्कालं वनं ययौ।।14
तस्याभवन्नरपतेः कविराप्तवर्णः
श्रीकालिदास इति योऽप्रतिमप्रभावः।
दुष्यन्तभूपतिकथां प्रणयप्रतिष्ठां
रम्याभिनेयभरितां सरसां चकार।।15
शाकुन्तलेन स कविर्नाटकेनाप्तवान् यशः।
वस्तुरम्यं दर्शयन्ति त्रीण्यन्यानि लघनि च।।16

समुद्रगुपृकृत कृष्णचरितम्, राजकवयः

शूद्रक के मृच्छकटिक की प्रस्तावना में भी इस राजाकवि की आत्मप्रशस्ति प्राप्त होती है। तदनुसार यह कवि इन विशेषताओं से सम्पन्न था—

एतकविः किल—
द्विरदेन्द्रगतिश्चकोर नेत्रः परिपूर्णेन्दुमुखः सुविग्रहश्च।
द्विजमुख्यतमः कविर्बभूव प्रथितः शूद्रक इत्यगाधसत्वः।।
ऋग्वेदं सामवेदं गणितमथ कलां वैशिकयीं हस्तिशिक्षां
ज्ञात्वा शर्वप्रसादात् व्यपगततिमिरे चक्षुषी चोपलभ्य।
राजानं वीक्ष्य पुत्रं परमसमुदयेनाश्वमेधेन चेष्ट्वा
लब्ध्वा चायुः शताब्दं दशदिनसहितं शूद्रकोऽग्निं प्रविष्टः।।
समरव्यसनी प्रमादशून्यः ककुदो वेदविदां तपोधनश्च।
परवारणबाहुयुद्धलुब्धः क्षितिपालः किल शूद्रको बभूव।।
अस्याञ्च कृतौ—
यवन्तिपुर्यां द्विजसार्थवाहो युवा दरिद्रः किल चारुदत्रः।
गुणानुरक्ता गणिका च यस्य वसन्तशोभेव वसन्तसेना।।
तयोरिदं सत्सुरतोत्सवाश्रयं नयप्रचारं व्यवहारदुष्टताम्।
खलस्वभावं भवितव्यतां तथा चकार सर्वं किल शूद्रको नृपः।।

तात्पर्य यह कि गति गजराज जैसी, नयन चकोर जैसे, मुख पूर्णिमा के चन्द्र जैसा, शरीर सुन्दर द्विजों में सर्व प्रधान परम शक्तिशाली सुप्रसिद्ध राजा कवि शूद्रक हुआ। ऋग्वेद, सामवेद, गणित, वैशिकयी (वणिक् या वेश्या) कला, गजशिक्षा आदि

को जानकर शिवजी की कृपा से अन्धकार हटने पर आँखें पाकर पुत्र को राजा के रूप में देखकर परम अभ्युदय के साथ अश्वमेध से यज्ञ करके सौ वर्ष और दस दिन की आयु प्राप्त कर शूद्रक अग्नि में प्रवेश कर गया।

ऐसा हुआ राजा शूद्रक—जो निरन्तर युद्ध में निरत रहता था, असावधान नहीं रहता था, वेदज्ञों में श्रेष्ठ था, परम तपस्वी था और शत्रुओं के हाथियों से लगातार बाहुयुद्ध करना चाहता था।

अवन्तिपुरी में ब्राह्मण सार्थवाह, युवक और दरिद्र चारुदत्त रहा। उसके गुणों पर आसक्त गणिका वसन्त की शोभा सी वसन्तसेना थी। यह मृच्छकटिक प्रकरण उन दोनों के प्रेमोत्सव सम्बन्धी है जिसमें नीति का प्रचार, व्यावहारिक दुष्टता, दुर्जन स्वभाव और नियति—ये सब सन्निविष्ट कर दिए हैं राजा शूद्रक ने।

पूर्वोक्त समुद्रगुप्त और शूद्रक के द्वारा प्रस्तुत विवरणों से कई तथ्य उभरते हैं जिनमें से कुछ की पुष्टि ये दोनों परस्पर करते हैं, कुछ की पुष्टि अन्य स्रोतों से होती है कि—

1. राजा शूद्रक पूर्णिमा के चन्द्र सा प्रसन्नमुख था, शरीर मनोहर, गति गजराज सी और इसके नेत्र चकोर जैसे थे। यह इन्द्र जैसा परम शक्तिशाली और द्विजों में प्रमुख था।
2. शूद्रक ऋग्वेद, सामवेद सहित विभिन्न वेदज्ञों में प्रधान था। गणित, (वाणिज्य या गणिका) कला, हस्तिशिक्षा सहित अनेक शस्त्र और शास्त्रों का वेत्ता था।
3. उसने धनुर्वेद, चौरशास्त्र, दो रूपक तथा (अथवा नौ अंकों का) मृच्छकटिक नाटक भी रचा। शूद्रक का एक भाण पद्मप्राभृतक प्रकाशित है। मृच्छकटिक में चोर और चोरी के विषय में कुछ तथ्य प्रस्तुत किए गए हैं।
4. वह शास्त्र में विपक्ष का विजेता था। राजशेखर के अनुसार शूद्रक के सभापतित्व में काव्यगोष्ठी भी होती थी और तब उपस्थित कवियों, विद्वानों का पारितोषिक देकर मान किया जाता था।

तत्र यथासुखमासीनः काव्यगोष्ठीं प्रवर्तयेत भावयेत् च। वासुदेव-सातवाहन-शूद्रक-साहसांकादीन् सकलान् सभापतीन् दानमानाभ्यामनुकुर्यात्। तुष्टपुष्टाश्च सभ्या भवेयुः, स्थाने च **पारितोषिकं** लभेरन्। का. मी., पृष्ठ 119 (चौखम्बा सं.)। ऐसे सम्मानित होने वाले कवियों में शूद्रककथा के रचयिता रामिल्ल और सोमिल्ल प्रमुख हैं। इनका उल्लेख न केवल समुद्रगुप्त ने किया है अपितु राजशेखर ने भी संकेत किया है कि शूद्रककथा की रचना रामिल्ल और सौमिल्ल ने मिलकर की थी —

तौ शूद्रककथाकारौ रम्यौ रामिलसौमिलौ।
काव्यं ययोर्द्वयोरासीदर्धनारीनरोपमम्।। सूक्तिमुक्तावलि, पृ. 56

मालविकग्निमित्र नाटक की प्रस्तावना में कालिदास ने अपने से पूर्ववर्ती जिन तीन यशस्वी नाटककारों का उल्लेख किया है उनमें भास, कविपुत्र के साथ ही सौमिल्ल भी है।

प्रथितियशसां भास-सौमिल्ल-कविपुत्रादीनां प्रबन्धानतिक्रम्य **वर्तमानकवेः** कालिदासस्य क्रियायां कथं बहुमानः।

बहुत सम्भव है यह सौमिल्ल शूद्रककथा के रचनाकार से अभिन्न हो। इससे यह भी ज्ञात होता है कि सौमिल्ल शूद्रक कथाकार के अतिरिक्त नाटककार के रूप में भी कालिदास के समय तक सुप्रसिद्ध हो चुका था। एक सौमिल्ल गुप्तकालीन शिलालेख में भी विद्यमान है। (संस्कृत वाड्मय विमर्श नामक मेरी पुस्तक)। रामिल्ल की एक गाथा हाल की गाहासत्तसई (6/10) में संकलित है—

> वेसोसि जीअ पंसुल अहिअअरं सा हु वल्लहा तुज्भ।
> इअ जाणिऊण वि मए ण ईसिअं दड्ढपेम्मस्स।।
> (द्वेष्योऽसि यस्याः पांसुल अधिकतरं सा खलु वल्लभा तव।
> इति ज्ञात्वापि मया न ईर्ष्यितं दग्धप्रेम्णः।।)

अर्थात्—हे पांसुल, तुम जिसके द्वेषपात्र हो वह तुम्हारी बहुत प्यारी है। यह जानकर मैंने जले प्रेम के लिए ईर्ष्या नहीं की।

ईश्वरदत्त के धूर्तविटसंवाद भाण (26/4,6) में रामिल्ल के उल्लेख प्राप्त होते हैं। वहाँ (29/6) रामिल्ल की गोष्ठी में विष्णुदास आदि कई सदस्य परस्पर बहस करते हुए कामतंत्र पर शंकाएँ करते हैं।

विष्णुदासप्रभृतीनां गोष्ठीकानां रामिलगोष्ठके समागतानां परस्परविवादरम्याः केचित् संशयाः कामतन्त्रे।

समुद्रगुप्त के अनुसार तो नाटककार कालिदास भी शूद्रक का आश्रित कवि था।

5. शूद्रक गणित और ज्योतिर्विज्ञान का वेत्ता था। मृच्छकटिक में (6/9-10) व्यक्ति के बुरे दिनों की ग्रहदशा दी गई है। आगे (9/33 में) मंगल को बृहस्पति का शत्रु बताया गया है जो वराहमिहिर (बृहज्जातक 2/15,16) के अनुसार प्राचीन मत है।
6. वैशिकी कला का शूद्रक ज्ञाता था। यह उसके उपलब्ध दोनों रूपकों (मृच्छकटिक और पद्मप्राभृतक) से सिद्ध होता है। दोनों में गणिका-जीवन के कई रूप प्रस्तुत किए गए हैं। इन दोनों ही रूपकों में गणिका जीवन से गृहस्थ जीवन को श्रेष्ठ बताया गया है। वधू के घूँघट पाने की कामना दोनों ही रूपकों में है। वसन्तसेना और उसकी दासी वधू बनकर श्रेष्ठ जीवन में प्रवेश करती हैं। पद्मप्राभृतक में कुमुद्वती को भी वधू के घूँघट का आशीर्वाद दिया जाता है। उज्जैन के मौर्य राजकुमार चन्द्रोदय और

गणिका कुमुद्वती की प्रीतिगीतियाँ इतनी प्रसिद्ध हो चुकी थीं कि ग्यारहवीं शती के चक्रपाणिविजय महाकाव्य (1/8) में भी उसका उल्लेख किया गया—

चन्द्रोदयध्यानपरायणेव कुमुद्वती यस्य न नीरसा गीः।

7. हस्तिशिक्षा का हल्का सा संकेत मृच्छकटिक के खुण्टमोडक हाथी के पागलपन के सन्दर्भ में आया है। परन्तु शूद्रक के धनुर्वेद सम्बन्धी सन्दर्भ ज्ञात नहीं हैं।
8. बौद्ध पाषण्ड सम्बन्धी चर्चा शूद्रक के मृच्छकटिक में भी है और पद्मप्राभृतक में भी है। एक में जुआड़ी विरक्त होकर भिक्षु बन जाता है और दूसरे में भिक्षु छिपकर चकले से निकलता बताया गया है।
9. दोनों रूपकों से ज्ञात होता है कि शूद्रक शैव था।
10. मृच्छकटिक में बताया गया है कि शिवजी की कृपा से अन्धकार हट गया और शूद्रक को आँखें मिल गईं। इससे अभिधार्थ होगा कि वह अन्धा था। लक्षणार्थ होगा कि वह अज्ञानी था और शिवजी की कृपा से उसे दृष्टि या ज्ञान प्राप्त हुआ।
11. उन प्राप्त आँखों से उसने अपने पुत्र को राजा के रूप में देखा। समुद्रगुप्त के अनुसार उसने अपने सिंहासन पर अपने पुत्र देवमित्र को बिठाया और वह वृद्धावस्था मुनिवृत्ति से बिताने के लिए वन में चला गया। अवन्तिसुन्दरीकथासार (4/226) के अनुसार शूद्रक का पुत्र अद्रिसार था—

    अस्यामेवार्यदासीत्वे जातः सोयं कुमारकः।
    शूद्रकादद्रिसाराख्यः पुत्रस्नेहस्तु तत्कृतः॥
12. परम शक्तिशाली शूद्रक ने अपनी परम उन्नति के लिए अश्वमेध से अर्चना की।
13. मृच्छकटिक के अनुसार उसने सौ वर्ष और दस दिन की आयु प्राप्त की। कथासरित्सागर की वेतालपंचविंशति (कथा 4) के अनुसार शूद्रक शतायु थे।

तन्नैष राजा म्रियते जीवत्यन्यत्समा शतम्। 151

14. मृच्छकटिक में बताया गया कि राजा ने सौ वर्ष और दस दिन जीवित रहकर स्वेच्छा से अग्नि में प्रवेश किया अर्थात् आत्मदाह कर लिया। इससे स्पष्ट है कि नाटक का यह प्रसंग परवर्ती काल में जोड़ा गया। परन्तु उसके शतायु होने की पुष्टि होती है।
15. समुद्रगुप्त के अनुसार शकों को जीतकर उसने विक्रम संवत् का प्रवर्तन किया। परम्परानुसार विक्रम संवत् का प्रवर्तक विक्रमादित्य रहा। शूद्रक

विक्रमादित्य से भिन्न था इसकी पुष्टि में कुछ प्राचीन तथ्य हैं—

(क) कथासरित्सागर में विक्रम सम्बन्धी वेतालपंचविंशति में केवल एक कथा शूद्रक की है जबकि विक्रम तो सर्वत्र विद्यमान है।

(ख) राजशेखर की काव्यमीमांसा में कविगोष्ठी कर विद्वानों का सम्मान करने वाले राजाओं में एक साथ साहसांक विक्रमादित्य भी है और शूद्रक भी।

(ग) राजतरंगिणी (3/343) में कल्हण ने शूद्रक को विक्रमादित्य के समकक्ष रखा है।

संत्यज्य विक्रमादित्यं सत्वोद्रिक्तं च शूद्रकम्।
तां च भूपाल पर्याप्तं धैर्यमन्यत्र दुर्लभम्।।

अतः ये दोनों भिन्न रहे। यद्यपि दोनों प्राचीन लोकसाहित्य के नायक रहे।

16. शूद्रक ने नवांक नाटक मृच्छकटिक रचा। यह समुद्रगुप्त ने कहा। परन्तु आज यह दस अंकों का हैं। नवांक से तात्पर्य नए अंकों वाला नाटक भी हो सकता है। क्योंकि भास के चारुदत्त के चार अंकों में छः अंक आगे और जोड़ने पर यह दस अंक का नाटक होता है।

17. इस नाटक में शूद्रक ने विद्या, नीति और बल से सम्पन्न अपना ही चरित लिख दिया है। दण्डी की अवन्तिसुन्दरी कथा में भी यही बात कही गई है कि शूद्रक ने वाणी से आत्मचरित लिख दिया।

शूद्रकेणासकृज्जित्वा स्वच्छया खड्गधारया।
जगद्भूयोऽभ्यवष्टब्धं वाचा स्वचरितार्थया।।

18. भविसत्तकथा (पृष्ठ 83) के सन्दर्भ में जेकोबी का अभिमत है कि राजा शूद्रक कालिदास से पूर्ववर्ती था।

एक प्राचीन श्लोक में शूद्रककथा के युगल रचनाकार रामिल्ल-सौमिल्ल की गणना उल्लेखनीय कवियों में की गई है—

भासो रामिलसोमिलौ वररुचिः श्रीसाहसाङ्कः कवि-
र्मेण्ठो भारविकालिदासतरलाः स्कन्दः सुबन्धुश्च यः।
दण्डी बाणदिवाकरौ गणपतिः कान्तश्च रत्नाकरः
सिद्धा यस्य सरस्वती भगवती के कस्य सर्वेपि ते।।

— शार्ङ्गधरपद्धति

केटेलागस केटेलागाटम् के अनुसार रामिल्ल-सौमिल्ल की शूद्रक कथा की चर्चा हरिहारावलि में हुई है। साथ ही रायमुकुट ने शूद्रकवध परिकथा का उल्लेख किया है।

विदिशा के निकट उदयपुरा के एक शिलालेख में उदयादिस्यकालीन (ग्यारहवीं शती के उत्तरार्ध) नेमक (नीमा) वंश के शूद्रक राजा का उल्लेख है। इसने किसी

गुर्जरराज को पराजित किया था। यह पर्याप्त परवर्ती है और नाटककार हमारे अभीष्ट शूद्रक से सर्वथा भिन्न है।

दण्डी के अवन्तिसुन्दरीकथासार के अनुसार शूद्रक उज्जैन का ब्राह्मण राजा था। वह महाकवि था। उसने आन्ध्रभृत्य राजकुमार बन्धुदत्त को पराजित किया था।

दुःस्वप्न बोधितस्तस्माद् विदिशाभिमुखो ययौ।
सुहृद्भिः सहितो भूत्वा बन्धनागारवर्तिनम्।
बन्धुदत्तं ततो हत्वा जगामोज्जयिनीं प्रति।। 4/183-84

इस शूद्रक का पुत्र अद्रिसार था। इसमें शूद्रक की अद्‌भुत कथा प्राप्त होती है। वहाँ शूद्रक शौनक और कामपाल के रूप में परिवर्तित होते रहते हैं। दण्डी के दशकुमारचरित (पृष्ठ 132) में भी ऐसी ही कहानी प्राप्त होती है। इनमें शूद्रक के अनेक जन्मों के साहसकर्म का उल्लेख प्राप्त होता है। कथासारित्सागर (12/11/4ङ5) के अनुसार सत्या नाम की शोभावती नगरी में विक्रमसम्पन्न शूद्रक नामक राजा रहा जिसके शासन में लोग राम आदि राजाओं को भी भूल गए। उसके सेवक की स्वामिभक्ति से शूद्रक को सौ वर्ष की उम्र प्राप्त होती है। उस शूद्रक के राज्य में न कोई पराजित रहा, न दरिद्र और न दुखी।

न मे राष्ट्रे पराभूतो न दरिद्रो न दुःखितः। 33

बाणभट्ट के हर्षचरित से ज्ञात होता है कि शूद्रक ने किस युक्ति से चकोरराज चन्द्रकेतु से छुटकारा पाया।

उत्सारकरुचिं च रहसि ससचिवमेव दूरी चकार चकोरनाथं शूद्रकदूतरचन्द्रकेतुं जीवितात् (उच्छ्वास् 6, पृष्ठ 51)। बाणभट्ट की ही कादम्बरी के अनुसार शूद्रक की राजधानी विदिशा थी। तदनुसार यज्ञों का कर्ता, सब शास्त्रों का आदर्श, कलाओं की उत्पत्ति, गुणों का कुलभवन, काव्यामृत रसों का आगम, मित्रमण्डल का उदयपर्वत, अहितकारी के लिए उत्पातकेतु, गोष्ठीबन्धनों का प्रवर्तक, रसिकों का आश्रय, धन्वियों को पराजित करने वाला, साहसियों का धरी, विदग्धों का अग्रणी (अगुआ), नम्रता और आनन्द का जनक, अपने धनुष से समस्त शत्रुओं के कुलपर्वतों को हटाने वाला राजा शूद्रक था। (पृष्ठ 10-28)।

आसीत् ..... आहर्ता क्रतूनां, आदर्शः सर्वशास्त्राणां, उत्पत्तिः कलानां, कुलभवनं गुणानां, आगमः काव्यामृतरसानां, उदयशैलो मित्रमण्डलस्य, उत्पातकेतुरहितजनस्य, प्रवर्तयिता गोष्ठी बान्धवानां, आश्रयो रसिकानां, प्रत्यादेशो धनुष्मतां, धौरेयः साहसिकानां, अग्रणीविर्दग्धानां, वैनतेय इव विनतानन्दजननः, वैन्य इव चापकोटिसमुत्सारितसकलारातिकुलाचलो राजा शूद्रको नाम।

ये समस्त विशेषताएँ मृच्छकटिक के प्रस्तावना-श्लोकों से बहुधा मिलती-

जुलती हैं जिनकी पुष्टि पूर्वोक्त अन्य विभिन्न ग्रन्थों से भी होती है। पल्लवों और पश्चिम गंग परिवारों ने शूद्रक को पराक्रम का प्रतीक मान लिया था। ललितालय का तमिल में शूद्रकचरित रहा जिसमें उसके उदात्त और आदरणीय रूप की ही चर्चा पाई जाती है। प्राकृत ग्रन्थ मोहराजपराजय (गायकवाड़ प्राच्य संस्थान बड़ोदा, 1918) में सूद्दय (शूद्रक) की चर्चा पाई जाती है (पृष्ठ 105-106)।

एक अभिमत यह भी है कि शूद्रक दक्षिण भारत का था। इस पक्ष की पुष्टि के लिए कुछ प्रमाण दिए जाते हैं। तदनुसार वामन के काव्यालंकार सूत्र की एक टीका में शूद्रक को 'राजा कोमति' कहा गया है। तमिलनाडु में आजकल एक विशाल व्यावसायिक जाति को कोमति कहते हैं। यह संभव है कि वह टीकाकार दक्षिण भारत का रहा हो और उसने शूद्रक को स्थानीय कोमति बता दिया हो।

अन्य मत के अनुसार शूद्रक आन्ध्रभृत्य था। मृच्छकटिक में चाण्डाल सह्यवासिनी के रूप में देवी का स्मरण करते हैं जो दक्षिण की परम्परा में है। उत्तर में तो विन्ध्यवासिनी है। परन्तु भवभूति ने भी मालतीमाधव में सह्यवासिनी का स्मरण किया है। भवभूति तो उत्तर भारत, ग्वालियर के पास पद्मावती (पवाया) में भी काफी रहा बताया जाता है।

मृच्छकटिक में विभिन्न प्रकार के प्राकृतों का उपयोग या शूद्रक के प्राकृत-प्रेम से दक्षिण का वास प्रकट होता है। लोक में विभिन्न प्रकार के प्राकृतों का उपयोग होता रहा। नाट्यशास्त्र में भिन्न-भिन्न पात्रों द्वारा भिन्न-भिन्न प्राकृत के उपयोग की अनुशंसा की गई है। उसका अनुसरण करते हुए भी शूद्रक ने विभिन्न प्राकृतों का उपयोग किया हो यह असम्भव नहीं है।

इसी प्रकार दक्षिण की विभिन्न जातियों का उल्लेख तो नाटक में संभ्रम उत्पन्न करने के लिए हो सकता है। क्योंकि अपनी गलती छिपाने के लिए राजपुरुष इन जातियों द्वारा भाषाप्रयोग के दोष होना स्वाभाविक बताता है।

ईसवी पूर्व और पश्चात् के युग में भारतीय राज्यों में क्रान्ति द्वारा सत्तापरिवर्तन के कई उदाहरण प्राप्त होते हैं। प्रद्योत का, तथा चन्द्रगुप्त मौर्य का सत्ता में आना क्रान्ति से ही सम्भव हुआ। नन्दसत्ता का, मौर्य सत्ता का, शुंग सत्ता का, काण्व सत्ता का अन्त बहुधा आन्तरिक अशान्ति द्वारा ही हुआ है। इस अशान्ति की उपज क्रान्ति है। मृच्छकटिक में भी ऐसी ही अशान्त क्रान्ति की कथा है। कहा जाता है कि क्रान्तिकारी आर्यक स्वयं शूद्रक का ही प्रतीक है। और चारुदत्त-बन्धुदत्त का प्रतीक बताया जाता है। भास के चारुदत्त नाटक में तो चारुदत्त-वसन्तसेना की प्रेमकथा है। परन्तु मृच्छकटिक में उसके साथ ही उज्जयिनी की क्रान्तिकथा भी है। शूद्रक की ज्ञात समस्त रचनाओं की वस्तु उज्जयिनी से सम्बद्ध है। परन्तु उनमें कहीं भी उज्जयिनी की शिप्रा या महाकाल नहीं है। वास्तव में उज्जयिनी सम्बन्धी प्राचीन नाटकों में राजशेखर ने ही इनका स्मरण किया है। काव्यों में प्रथम बार मेघदूत में जो इनकी प्रस्तुति हुई तो बाद में होती ही रही।

वामन के काव्यालंकारसूत्र (पृष्ठ 33) में घटनाश्लेष के सन्दर्भ में बताया गया है कि ऐसी धटनाश्लेष की स्थितियाँ शूद्रक आदि के प्रबन्धों में बहुत पाई जाती हैं—

शूद्रकादिरचितेषु प्रबन्धेष्वस्य भूयान् प्रपञ्चो दृश्यते।

मृच्छकटिक में प्रेमकथा और राजनीति की घटनाएँ गुंफित होने से घटनाश्लेष पाया जाता है। वामन ने कुछ वाक्य भी उद्धृत किए हैं जो मृच्छकटिक में भी पाए जाते हैं। यथा—

द्यूतं हि नाम पुरुषस्यासिंहासनं राज्यम्। पृ. 78 (काले संस्कारण)

भास के चारुदत्त में भी ऐसे ही वाक्य प्राप्त होते हैं।

भोज के श्रृंगारप्रकाश और सरस्वतीकण्ठाभरण में उद्धृत शूद्रक सन्दर्भ भी महत्त्वपूर्ण हैं जिनसे कई नए तथ्य प्रकट होते हैं। शूद्रक का मित्र और सहयोगी बन्धुदत्त था। उसके शूद्रक के विनयवती से विवाह में सहयोग की चर्चा श्रृंगारप्रकाश (पृ. 481) में हुई है—

अदृष्टवैकृतो बन्धुदत्तः शूद्रकस्य वियवत्युपयमने।

अवन्तिसुन्दरीकथासार (4/178-185) में शूद्रक और विनयवती के विवाह की कथा है। पर उसमें बन्धुदत्त के सहयोग का उल्लेख नहीं है। अवन्तिसुन्दरीकथा (पृष्ठ 200) में बन्धुदत्त की सहचरता और राजस्याल की कामुकता से बैर की बात मृच्छकटिक के शकार की कथास्तु से मिलती है।

बन्धुदत्त सहचर्यैवियं राजस्यालकामुक - वैरभयात् पुराधिवासितेति रंगपताकामदर्शयत्।

अनन्त कथा कहने में दक्ष धावकि की चर्चा श्यामिलक के पादताडितक भाण में हुई है। धावकि रनन्तकथः। इसी प्रकार 472 के वत्सभट्टि के मन्दसौर लेख में भी सुचरितसम्पन्न सैकड़ों विचित्र कथाओं की सेनाओं का उल्लेख प्राप्त होता है की—

सुचरितशतासंगाः केचिद्विचित्रकथाविदः।

कथा कहने की कला में कुशल कई लोग क्रमशः कहानियाँ सुनाने की होड़ में एक-दूसरे पर विजय पाने को उत्सुक रहते हैं। ऐसी शूद्रक परिकथा प्रसिद्ध रही।

पर्यायेण बहूनां यत्र प्रतियोगिनां कलाथा कुशलैः।
श्रूयन्ते (कथ्यन्ते) शूद्रकवत् जिगूषभिः परिकथा सा तु।
—(श्रृंगारप्रकाश, पृ. 428, भाग दो)

हेमचन्द्र ने अपने काव्यानुशासन (पृष्ठ 339) में भी शूद्रक परिकथा का उल्लेख किया है—

एकं धर्मादिपुरुषार्थमुद्दिश्य प्रकारवैचित्र्येण अनन्तवृत्तान्तर्णनप्रधाना शूद्रकादिवत् परिकथा।

पंचशिख की रची शूद्रककथा का उल्लेख भी श्रृंगारप्रकाश (पृष्ठ 437, भाग दो) में प्राप्त होता है—

आनन्दः पंचशिखशूद्रककथायाम्।

शूद्रककथा के हरिमतीवृत्तान्त में शुक (दूत) की वृध्द-क्रीड़ा की चर्चा है—

शुको (दूतो) जरत्क्रीड़ः शूद्रककथायां हरिमतीवृत्तान्तेजंवदणरवइविण ओ प आसइते दब्बदकीरुरणिरारिओ। भासइ .... हरिलखखजणजुत्त होदिज्ज इसरव्ख अत्तावणिउत्तहो।

पंचशिख की यह शूद्रकथा प्राकृत भाषा में रही होगी।

उदयन के बाद राजा शूद्रक, विक्रमादित्य, राजा भोज आदि ऐसे व्यक्ति हुए जिनका प्रभामण्डल पौराणिक मिथकीय हो गया। शूद्रक के मिथक ने उसके ऐतिहासिक व्यक्तित्व को धूमिल कर दिया। यही स्थिति विक्रमादित्य की रही। परवर्ती काल में ऐसा व्यक्तित्व राजस्थान के लोकदेवता रामदेवजी का भी रहा। ये पन्द्रहवीं सदी के अन्त और सोलहवीं सदी के आरम्भ में पोकरण क्षेत्र में थे। देवनारायण जी, तेजाजी आदि भी राजस्थान की ऐसी विभूतियाँ थे जो लोकदेवता के रूप में आज भी पर्याप्त मान्य हैं और पूजे जाते हैं। देवनारायणजी का ननिहाल तो उज्जैन के निकट ही था और वे मालवा में रहे भी खूब। जावरा के पास फरनाखेड़ी उनका तीर्थ है। ये सभी विभूतियाँ इतिहास में प्रायः धूमिल हैं परन्तु लोक में उनकी पर्याप्त मान्यता है।

भोज ने पंचशिख की शूद्रककथा के अतिरिक्त अन्य भी शूद्रककथा सन्दर्भ में विक्रान्तशूद्रक का उल्लेख किया है। दोषहान (सरस्वतीकण्ठाभरण) और श्रृंगारप्रकाश (पृष्ठ 411, 643) में तत्सम्बन्धी उल्लेख प्राप्त होता है—

नीचाक्षः स्वामिकार्यं साधयामीति प्रभुभक्त्या निरपराधामपि प्रेयसीं दग्ध्वा (सरस्वतीकण्ठाभरण में – हित्वा) स्वामिकार्यापेक्षया अहमेव एतावन्ति दिनानि जीवितः अद्य तु कृतस्वामिकार्यः तामेव अनुगच्छामीति शिवगणः शूद्रकनिर्मितां (निमित्तं – (सर. में) मायामयीं चितां प्रियासमक्षं प्रविवेश, सापि तत्प्रेमा-पदानदर्शनापहनुतप्रियव्यलीका तद्वियोगकातरा तत्रैव आत्मानं प्रचिक्षेपेति विश्रा क्रान्तशूद्रके।

शूद्रक का सेवक शिवगण या नीचाक्ष था। श्रृंगारप्रकाश के छत्तीसवें अध्याय में कषाय राग के उदाहरण में शिवगण और उसकी पत्नी के प्रेम सम्बन्धी श्लोक विक्रान्तशूद्रक (नाटक) से उद्धृत किया गया है।

तामसस्यैव कषायरागः। यथा विक्रान्तशूद्रके शिवगणस्य—

सा वक्षः परिवर्तनैकललिता विश्वासभूमिः प्रिया
बाला निष्करुणेन मूढमनसा दग्धा वराकी मया।

.... ता न तु पुनः स्त्रीदाहदोषो महान्
जातं सच्चरितैषिणो बत मम म्लेच्छस्य यत्नोचितम्।।

यह कथा अवन्तिसुन्दरीकथासार (4/162-175) में तो है ही, बृहत्कथामंजरी (9-शशांकवती) में भी है। वहाँ कहा गया है कि शोभावती नामक एक सम्पन्न नगरी है। उसमें यशस्वी राजा शूद्रक था। उसकी सेवा में एक मालवीय वीर ब्राह्मण था। उसने राजा के लिए अपने परिवार का बलिदान कर दिया। राजा ने उसे गौड़, दक्षिणापथ और सागर सहित लाट का राज्य दे दिया।

अस्ति शोभावती नाम नगरी संपदां निधिः।
भुवो भूषणमालेव भूरिरत्नविराजिनी।।
बभूव शूद्रकस्तस्यां यशस्वी पृथिवीपतिः।
भार्गवादिकथाः कार्श्यं यद्वीरचरितैर्ययुः।।263-64
मालवीयो महासत्तवः करवालसखो द्विजः।
देव वीरवरो नाम सेवार्थं द्रष्टुमिच्छति।।270

कथासरित्सागर के अनुसार उस राजा शूद्रक के राज्य में सभी सुखी थे। एक दिन रात में रोती हुई नारी की आवाज सुनकर शूद्रक ने अपने इस सेवक को भेजा। वर्षा हो रही थी। राजा भी छिपकर पीछे से गया। पूछने पर नारी ने कहा–हे वीरवर वत्स। मैं पृथ्वी हूँ। मेरा धार्मिक पति आजकल शूद्रक हैं। उस राजा की मृत्यु हो जाएगी। मैं उस जैसा अन्य पति कहाँ से प्राप्त करूँगी।

भो वीरवर जानीहि वत्स माँ पृथ्वीमिमाम्।
तस्या ममाधुना राजा शूद्रको धार्मिकः पतिः।।
तृतीये च दिने तस्य राज्ञो मृत्युर्भविष्यति।
तादृशं च पतिं प्राप्स्याम्यहमन्यं नृपं कुतः।।43-44

पूछने पर पृथ्वी ने बताया कि राजकुल के पास में इस शूद्रक राजा के द्वारा जिस चण्डिका देवी की प्रतिष्ठा की गई थी उसे यदि तुम अपना पुत्र भेंट में चढ़ा दोगे तो यह राजा नहीं मरेगा और बल्कि सौ साल तक जीवित रहेगा।

राज्ञा कृतप्रतिष्ठास्ति यैषा राजकुलान्तिके।
उत्तमा चण्डिका देवी सन्निध्योत्कर्षशालिनी।।
तस्यै सत्त्ववरं पुत्रमुपहारीकरोषि चेत्।
तन्नैष राजा म्रियते जीवत्यन्यन्समा शतम्।। 50-51

इसी सन्दर्भ में उस वीर ने शूद्रक के लिए अपने पुत्र का बलिदान पत्नी की अनुमति से कर दिया। पत्नी ने भी दुखी होकर आत्महत्या कर ली। इन दोनों को मृत देखकर उस वीर ने भी दुखी होकर जीवित रहना उचित नहीं समझा। देवी ने

प्रसन्न होकर उस पूरे परिवार को जीवित कर दिया। राजा शूद्रक ने उस स्वामीभक्त वीर सेवक को (बृहत्कथामंजरी के अनुसार) लाट, गौड़, दक्षिणापथ आदि का राजा बना दिया। यही कथा बृहत्कथा के विभिन्न संस्कृत संस्करणों में प्रस्तुत हुई है। और प्रायः ऐसी कथा के ही आधार पर विक्रान्तशूद्रक नाटक की रचना हुई होगी।

सुखी राज्य में एक व्यक्ति भी दुखी नहीं होना चाहिए। यह सन्देश इस कहानी के द्वारा दिया गया है–

न मे राष्ट्रे पराभूतो न दरिद्रो न दुःखितः।
कश्चिदस्ति तदेषा का रोदित्येकाकिनी निशि।।33

पल्लवों तथा पश्चिमी गंग परिवारों में शूद्रक को पराक्रम का प्रतीक माना जाता रहा। शूद्रक अपने समय का परम प्रतापी राजा था। वह ऐतिहासिक व्यक्तित्व परवर्ती लेखकों के लिए एक मिथकीय रूप लेता गया। और वह मिथकीय रूप कथा-कहानियों में सर्वव्यापी हो गया। दण्डी के युग तक भी यह मान्यता प्रचलित थी कि शूद्रक ने आत्मकथा लिखी थी। मृच्छकटिक नाटक भी उसी तरह की रचना बताई जाती है।

—चतुर्भाणी की भूमिका, मद्रास, 1922, पृष्ठ 4

शूद्रक का उल्लेख आठवीं शती के वामन और सातवीं शती के दण्ड ने किया है! पहली सदी की बृहत्कथा में शूद्रक की कथा विद्यमान हैं। कालिदास के मालविकाग्निमित्र में उस सौमिल्ल का उल्लेख है जो शूद्रककथा का एक रचयिता था। शूद्रक के मृच्छकटिक में महाराष्ट्री प्राकृत नहीं है। भरत के नाट्यशास्त्र में भी नहीं है। वररुचि के प्राकृत प्रकाश में महाराष्ट्री है। कालिदास के समय तक यह भावना बद्धमूल हो चुकी थी कि कविता महाराष्ट्री प्राकृत में ही होनी चाहिए। परन्तु शूद्रक ने महाराष्ट्री का उपयोग नहीं किया। अतः महाराष्ट्री के प्रभाव बढ़ने से पूर्व ही शूद्रक रहा और कालिदास से पूर्व ही शूद्रक हुआ। यह तब की बात है जब उज्जैन में मौर्य-शासन था। यह संकेत पद्मप्राभृतक में है कि उज्जैन का राजकुमार मौर्य चन्द्रोदय था। उस समय बौद्ध प्रभाव भी प्रचुर था। यह मृच्छकटिक और पद्मप्राभृतक दोनों से ज्ञात होता है। मृच्छकटिक में तो यह भी कहा गया कि वसन्तसेना के सहयोगी भिक्षुक को सभी विहारों का कुलपति बना दिया गया।

तत्पृथिण्यां सर्वविहारेषु कुलपतिरयं क्रियताम्। (मृच्छ. अंक, 10)

इससे स्पष्ट है कि उस समय सब दूर विहार प्रचुर मात्रा में थे। यह स्थिति मौर्यकाल या उसके तत्काल बाद में ही अधिक सम्भव है।

डॉ. वे. राघवन् के 'भोजकृतश्शार्ङ्गधरपद्धति शृंगारप्रकाश' (पृ. 827) से ज्ञात होता है कि शूद्रक कथाओं में मूलदेव का विवरण कई बार आया है। शूद्रक के पद्मप्राभृतक भाण में मूलदेव विद्यमान है। उधर बृहत्कथा के संस्कृत रूपान्तरों, क्षेमेन्द्र साहित्य, भोज की शृंगारमंजरी कथा इत्यादि से स्पष्ट है कि धूर्तशिरोमणि

मूलदेव विक्रमादित्य का सभारत्न था। एक ही मूलदेव शूद्रक और विक्रमादित्य दोनों से सम्बद्ध हो, यह कैसे सम्भव है। या तो ये अलग-अलग क्षेत्रों के राजा हों अथवा इतने निकट पूर्वापर हों कि मूलदेव दोनों के समय रहा हो। निमाड़ के कसरावद से प्राप्त मृत्पात्रों पर 'मूलदेवे' लिखा मिलता है। यह ब्राह्मी लिपि ईसवी पूर्व की है। इससे प्रतीत होता है कि मूलदेव ईसवी पूर्व में था। आवश्यकसूत्र (गाथा 464)की टीका में मूलदेवी लिपि की चर्चा है अ-क, ख-ग, घ-ग, चवर्ग और टवर्ग, तवर्ग और पवर्ग, य और श—इनका परस्पर व्यत्यय करने पर मूलदेवी बन जाती है। शूद्रक के उसी भाण में मूलदेव का मित्र शश भी है। शश और मूलदेव की जोड़ी बाणभट्ट सहित परवर्ती कई ग्रन्थकारों की रचनाओं में बताई गई है जिनमें धूर्ताख्यान महत्त्वपूर्ण है। बेसनगर उत्खनन में एक सील सस की भी मिली थी। उधर मन्दसौर के पास अँवलेश्वर स्तम्भलेख पर भी ससपुतस (शशपुत्रस्य) का उल्लेख है। यह भी ईसवी पूर्व पहली-दूसरी शताब्दी का है। स्पष्ट ही ये शश और मूलदेव ऐतिहासिक लोकाकर्षक चरित्र थे जो साहित्य में भी बेजोड़ सिद्ध हुए।

विभिन्न विद्वानों में शूद्रक के स्थितिकाल के विषय में पर्याप्त मतभेद है। तृतीय से प्रथम शती ईसवी पूर्व का मानते हैं एम.आर. काले। वे आधार पूर्वोक्त भी हैं। स्कन्दपुराण के अनुसार उसका समय 188 ई. होता है। उस आधार पर कर्नल विलफ्रेड शूद्रक को आन्ध्रभृत्य वंश का संस्थापक सिमुक मानते हैं जो प्रायः ई.पू. 200 में रहा।

आठवीं सदी के जैन हरिवंशपुराण के अनुसार उज्जैन में पालक राजा राज्य करता था जो प्रद्योत का उत्तराधिकारी था। अतः मृच्छकटिक के कथानक में भी ऐतिहासिक तथ्य हैं। यद्यपि स्वयं शूद्रक के प्रभामण्डल में मिथकों की काफी चमक है। शूद्रकचरित, शूद्रकपरिकथा, विक्रान्तशूद्रक इत्यादि कई कथाओं के उल्लेख प्राप्त होते हैं जिनमें लोककथाओं तथा मिथकीय आभा न्यून नहीं रही।

कुछ का अभिमत है कि मृच्छकटिक (8/34) में जिस रुद्र राजा की चर्चा है वह 130 से 150 ई. के शक राजा रुद्रदामा की ओर संकेत हो सकता है। अतः शूद्रक दूसरी शती का है। पहली सदी के सातवाहन हाल राजा के द्वारा संकलित गाहासत्तसई में टीकाकार भुवनपाल के अनुसार एक गाथा शूद्रक की है। पीताम्बर इसे अजय की रचना बताता है। शूद्रक के मृच्छकटिक में महाराष्ट्री प्राकृत का नितान्त अभाव पाया जाता है। परन्तु हाल की सतसई की प्रकृति के अनुरूप इस गाथा (5/86) में प्राकृत भाषा का उपयोग हुआ है। या तो यह गाथा शूद्रक की नहीं है अथवा यह मानना होगा कि शूद्रक ने अपने समय को भाँपते हुए महाराष्ट्री प्राकृत में भी रचना आरम्भ कर दी थी। वह गाथा इस प्रकार है—

अहअं विओअतणुई दुसहो विरहाणलो चलं जीअं।
अप्पाहिज्जउ किं सहि जाणसि तं चेव जं जुत्तं।।5/86
(अहं वियोगतन्वी दुःसहो विरहानलश्चलं जीवम्।
अभिधीयतां किं सखि जानासि त्वमेव यद्युक्तम्।।)

प्रेषित भर्तृका की यह उक्ति है— मैं वियोग में दुबली हो रही हूँ, असह्य विरहानल, जीव अस्थिर है। सखि बोल, क्या करना उचित है? यह तू ही जानती है।

प्रो. कोनो शूद्रक को तीसरी सदी के आभीर शिवदत्त से जोड़ता है। मृच्छकटिक का आर्यक गोपाल (ग्वाला) आभीर हो सकता है। यह तर्क विद्वानों में मान्य नहीं हुआ। डॉ. वासुदेवशरण अग्रवाल तथा डॉ. मोतीचन्द्र शूद्रक को गुप्तकाल का मानते हैं। शूद्रक के भाण में वात्स्यायन का नहीं अपितु दत्तक का उल्लेख है जो वात्स्यायन के कामसूत्र का भी एक स्रोत है। कामसूत्र में उसमें शाकुन्तल नाटक का उल्लेख है। अतः परवर्ती है। शूद्रक उससे पूर्ववर्ती है।

वामन अपने काव्यालंकारसूत्र (पृष्ठ 33) में शूद्रक की रचना में घटनाश्लेष की बात करते हैं। यह मृच्छकटिक की बात है या उनकी अन्य किसी रचना की, यह नहीं कहा जा सकता। उसमें जो सूक्तियाँ (पृष्ठ 78) उद्धृत हैं उनमें से एक मृच्छकटिक में प्राप्त होती है। यथा—

द्यूतं हि नाम पुरुषस्यासिंहासनं राज्यम्। अंक 21/6 के बाद।

इसी प्रकार ये सूक्तियाँ भी उसी शैली की हैं (काव्यालंकारसूत्र, पृष्ठ 56)

1. निद्रेयमकमला लक्ष्मीः।

2. वेश्या हि नाम मूर्तिमत्येव निकृतिः।

3. व्यसनं हि नाम सोच्छ्वासं मरणम्।

शूद्रक एक वीर तथा रसिक राजा था। वह विद्वान् और ग्रन्थकार था। यह विभिन्न सन्दर्भों से ज्ञात होता है। शूद्रक द्वारा विरचित आज जो भी रचनाएँ हैं उनमें से प्रायः सभी नाट्य हैं जो इस प्रकार हैं—

1. मृच्छकटिक प्रकरण 2. पद्मप्राभृतक भाण 3. वीणावासवदत्ता अथवा वत्सराजचरित नाटक।

चतुर्भाणी के सम्पादक रामकृष्ण कवि ने शूद्रक की एक रचना कामदत्ता प्रकरण भी बताई जो अब दुर्लभ है। कामदत्ता प्राकृत काव्य की चर्चा शूद्रक के पद्मप्राभृतक (11/8) में हुई है। परन्तु अब कामदत्ता काव्य अथवा प्रकरण के विषय में कुछ भी ज्ञान नहीं है।

शूद्रक का सर्वप्रसिद्ध नाट्य मृच्छकटिक है। आजकल यह नाटक विश्वविख्यात है! संस्कृत के इस लोकप्रिय नाटक के रूपान्तर देश-विदेश की कई भाषाओं में ही नहीं हुए अपितु उनकी सफल रंग-प्रस्तुतियाँ भी हुईं।

मृच्छकटिक में दस अंकों का प्रकरण गया है। भास के चारुदत्त नाटक में चार अंक हैं। इस नाटक की पूरी कथावस्तु और अनुसरण मृच्छकटिक के आरंभिक चार अंकों में पाया जाता है। इस अंश में कथावस्तु, पात्र, संवाद आदि में अधिक भेद नहीं है। कीथ, काले आदि विद्वानों का मत है कि भास के चारुदत्त का संशोधित एवं परिवर्धित संस्करण मृच्छकटिक हैं। मृच्छकटिक का संक्षिप्त संस्करण चारुदत्त इसलिए

नहीं माना जा सकता कि उसका मृच्छकटिक की अपेक्षा नाट्यमूल्य कमजोर है। और चारुदत्त की अपेक्षा मृच्छकटिक की प्राकृत बाद की है, अतः मृच्छकटिक में चारुदत्त को पुष्ट कर प्रस्तुत किया गया है।

मृच्छकटिक का आधुनिक रूप चार हाथ लगने पर बन सका।

1. भास के चारुदत्त के चार अंक।
2. शूद्रक-विरचित बाद के छः अंक।
3. प्रस्तावना में किसी अज्ञात लेखक द्वारा शूद्रक सम्बन्धी क्षेपक श्लोक।
4. दसवें अंक में नीलकण्ठ द्वारा क्षेपक (धूता का प्रवेश, पृ. 396-402-काले)

राजा भोज के सरस्वतीकण्ठाभरण (5/411) में एक श्लोक विट के उदाहरण के लिए प्रस्तुत हुआ है

शकार किं प्रार्थनया प्रावारेणामिषेण वा।
अकार्यवर्जं मे ब्रूहि किमभीष्टं करोमि ते।।

मृच्छकटिक (8/23) में 'वजर्यित्वा त्पकार्यं' के बाद इसका उचित स्थान है। परन्तु इस नाटक में श्लोक नहीं है। इससे प्रतीत होता है कि ऐसे छूटे हुए प्रसंग अन्य हो सकते हैं।

भास के चारुदत्त नाटक में चारुदत्त-वसन्तसेना की प्रेमकथा है। उसमें आर्यककथा का नितान्त अभाव है जो मृच्छकटिक के बाद के अंकों में तत्कालीन क्रान्तिकथा बन कर उभरी। क्रान्तिकथा शूद्रक की अपनी रची हुई है। भास की प्रेमकथा को आगे बढ़ाते हुए शूद्रक ने उसमें क्रान्तिकथा गूँथ दी। मृच्छकटिक जहाँ एक ओर सशक्त है वहीं रंगबिरंगा है।

बाणभट्ट के अनुसार भास के नाटकों का आरम्भ सूत्रधार करता है— सूत्रधारकृतारम्भैर्नाटकैर्बहुभूमिकैः। चारुदत्त का आरम्भ भी सूत्रधार ही करता है— बिना किसी देवस्तुति के। जबकि भास के अन्य नाटकों का आरम्भ देवस्तुति से होता है। परन्तु भास के सभी नाटकों की एक ही शैली है। उनमें संक्षिप्त स्थापना सूत्रधार करता है। वररुचि के उभयाभिसारिका की स्थापना भी भास के ही समान छोटी और प्रायः वैसे ही वाक्य से पूरी होती है। उनमें रचनाकार का नाम नहीं है। शूद्रक के पद्मप्राभृतक भाण की स्थापना में भी संक्षिप्ति है और ग्रन्थकार के नाम का अभाव है। परन्तु मृच्छकटिक का आमुख सुविस्तृत है, ग्रन्थकार का न केवल नाम है अपितु बभूव, चकार जैसी भूतकालिक क्रियाओं के साथ उसकी विस्तृत प्रशस्ति भी है। इससे स्पष्ट ज्ञात होता है कि इस नाटक का मूलतः आरम्भ तो पद्मप्राभृतक के समान ही रहा होगा परन्तु बाद में किसी ने किसी समय उसमें कवि की प्रशस्ति भी जोड़ दी। कवि शूद्रक की उन विशेषताओं की पुष्टि अन्य स्रोतों में भी हो जाती है। मृच्छकटिक का अर्थ होता है— मिट्टी का छकड़ा। उसकी संक्षेप में कथा इस प्रकार है।

विस्तृत आमुख के बाद विदूषक चूर्णवृद्ध की सुगंधित शाल (प्रावारक) लेकर चारुदत्त के घर जाता है। तभी वसन्तसेना का पीछा करते रात के अंधेरे में शकार विट और चेट के साथ आता है। वसन्तसेना चारुदत्त के घर में घुस जाती है। झंकार से बचने के लिए वह गहने चारुदत्त को सौंप देती है। शकार विदूषक से विवाद कर लौट जाता है। वसन्तसेना को उसके घर पहुँचाया जाता है। द्वितीय अंक में चारुदत्त के प्रेम में मगन वसन्तसेना उसकी गरीबी की भी उपेक्षा कर देती है। जुए में पराजित संवाहक का पीछा करता है। वह वसन्तसेना के घर में शरण लेता है। पीछा करते माथुर और द्यूतकर को वसन्तसेना अपना हस्तालंकार देती है क्योंकि संवाहक चारुदत्त का पुराना सेवक है। संवाहक बौद्ध भिक्षु बन जाता है। गणिका वसन्तसेना के खुण्टमोडक (खूँटामोड़) हाथी से एक परिव्राजक को बचाने के उपहार में उसके सेवक कर्णपूरक को चारुदत्त वही शाल दे देता है। वसन्तसेना उसे ओढ़ती है।

तृतीय अंक में रेभिल का गीत सुनकर चारुदत्त और विदूषक लौटते हैं और सो जाते हैं। तभी सेंध लगाकर शर्विलक वहाँ रखे वसन्तसेना के गहने चुरा लेता है। चारुदत्त की पत्नी अपने पति को कलंक से बचाने के लिए बहुमूल्य रत्नमाला दे देती है। विदूषक देने जाता है।

चतुर्थ अंक में वसन्तसेना चारुदत्त का चित्र देख रही है। माता का आदेश आता है कि शकार की गाड़ी से उसके घर जाना है। वसन्तसेना मना कर देती है। तभी पूर्वोक्त शर्विलक चोरी का सामान मदनिका को दासता से मुक्ति के लिए देने लगता है। पर मदनिका बताती है कि ये गहने तो उसकी स्वामिनी वसन्तसेना के ही हैं। मदनिका की सलाह पर वह चारुदत्त का दूत बनकर गहने स्वामिनी को लौटाता है। सब कुछ जानती वसन्तसेना वे गहने मदनिका को पहनाकर उसे ही सौंप देती है। गाड़ी में बैठकर वे रवाना होते हैं। तभी ज्ञात होता है कि सिद्धों की भविष्यवाणी पर विश्वास कर राजा पालक ने गोपालदारक आर्यक को बन्दी बना लिया। शर्विलक उसे छुड़ाने के लिए चल देता है। तभी विदूषक आकर वसन्तसेना से कहता है कि चारुदत्त तुम्हारे गहने जुए में हार गया है। उसके बदले यह रत्नमाला भेजी है।

पंचम अंक में वर्षा की झड़ी की परवाह न करते हुए चारुदत्त से मिलने के लिए वसन्तसेना जाती है। सब बात बताकर कहती है कि रत्नावली तो जुए में वह हार गई। बदले में गहने रखें।

षष्ठ अंक में जागने पर प्रातः वसन्तसेना को समाचार मिलता है कि चारुदत्त ने उसे पुष्पकरण्डक जीर्णोद्यान में बुलाया है। तभी चारुदत्त का पुत्र स्वर्ण की गाड़ी से खेलने के लिए हठ करने लगता है। मिट्टी की गाड़ी से वह नहीं खेलता। वसन्तसेना उसकी उस मिट्टी की गाड़ी को अपने गहनों से भरकर सोने की गाड़ी बनवा लेने का आग्रह करती है। तब तक बगीचे जाने वाली गाड़ी आने की सूचना आती है। गाड़ीवाला गाड़ी का पर्दा लेने के लिए चला जाता है। तभी शकार की गाड़ी वहाँ आकर इसलिए रुक जाती है कि मार्ग में गाड़ियाँ फँस गई हैं। वसन्तसेना

गफलत में उसमें बैठ जाती है। उस गाड़ी के जाने पर चारुदत्त की गाड़ी आती है जिसमें बन्दीगृह से भागा आर्यक पीछे से आकर बैठ जाता है। मार्ग में उस गाड़ी को राजरक्षक रोकते भी हैं। परन्तु आर्यक की याचना पर आरक्षक चन्दनक वीरक से झगड़ा कर गाड़ी को रवाना करवा देता है।

सप्तम अंक में वसन्तसेना को लाने वाली गाड़ी से उसके बन्धन कटवाकर चारुदत्त बिदा कर देता है। राजभय से चारुदत्त भी वहाँ से चला जाता है।

अष्टम अंक में शकार गाड़ी में वसन्तसेना को पाकर उसे मार डालने की सलाह विट और गाड़ीवान् को देता है। दोनों के मना करके जाने पर वह स्वयं उसे गला घोटकर गिरा देता है और उसे सूखे पत्तों से ढक देता है। और चारुदत्त पर झूठा मुकदमा चलाने के लिए न्यायालय जाता है। उन सूखे पत्तों पर अपना चीवर सुखाता भिक्षु वसन्तसेना के हाथ देखकर उसे पहचान लेता है। यह वही था जिसे वसन्तसेना ने जुए के कर्ज से मुक्ति दिलाई थी। वह उसे विश्राम के लिए विहार में ले जाता है।

नवम अंक में न्यायाधिकरण में शंकार सूचना लिखवाता है कि चारुदत्त ने वसन्तसेना को पुष्पकरण्डक उद्यान में मार डाला। वसन्तसेना की माता से पूछने पर ज्ञात होता है कि वह चारुदत्त के घर गई है। चारुदत्त को बुलवाया जाता है जो कहता है कि वह घर गई। तभी चंदनक से रुष्ट वीरक आकर सूचना देता है कि वसन्तसेना चारुदत्त की गाड़ी में बैठकर उसके बगीचे में गई है। वीरक को खबर करने भेजा जाता है। आकर बताता है कि कोई स्त्री वहाँ मरी पड़ी है। तभी विदूषक वसन्तसेना के गहने लेकर आ जाता है। शकार से झग्ड़े में वे गिर जाते हैं। शकार कहता है कि चारुदत्त ने इन गहनों के लिए मारा है वसन्तसेना को। चारुदत्त मानता है कि गहने उसके ही घर से लाए गए। न्यायाधीश अपना निर्णय राजा के पास भेजता है। राजा चारुदत्त को प्राणदण्ड का आदेश देता है।

दशम अंक में चारुदत्त को चाण्डाल ले जाते हैं। उसका बेटा कहता है कि चारुदत्त को छोड़ दो और बदले में उसे प्राणदण्ड दे दो। तभी शकार का बन्दी गाड़ीवान छूटकर आकर चिल्लाता है कि वसन्तसेना को शकार ने मारा है। शकार उसे झूठ बताता है। तभी घर जाती वसन्तसेना और भिक्षु भीड़ देखकर वहाँ आ जाते हैं। वसन्तसेना को जीवित देखकर चाण्डाल चारुदत्त को मुक्त कर देते हैं। शकार भाग जाता है। तभी शर्विलक आकर सूचना देता है कि आर्यक ने राजा पालक को मार डाला है। अब राजा आर्यक है। शकार पकड़कर लाया जाता है जिसे मुक्त कर दिया जाता है। चारुदत्त की वधू बन जाती है वसन्तसेना। चारुदत्त को वेणा नदी तक का राज्य दिया जाता है। सभी पुरस्कृत होते हैं। यह कथा उत्तर प्रद्योतकालीन है। ईसवी पूर्व पाँचवीं-छठी शती में पालक राजा था। अतः यह कथा सर्वथा काल्पनिक नहीं है। बुद्ध के निर्वाण के तत्काल बाद की है यह घटना। मृच्छकटिक वास्तव में प्रकरण है। प्रकरण में कथानक लोकप्रचलित परन्तु कवि-कल्पित होना चाहिए। इसका नायक अमात्य, विप्र अथवा वणिक् होना चाहिए। वह धीरप्रशान्त, बाधासहित, धर्म-अर्थ-

काम में लीन होना चाहिए। नायिका कुलस्त्री और गणिका होनी चाहिए। इसमें धूर्तों का जमघट होता है। इस मृच्छकटिक में प्रकरण के ये सभी लक्षण पाए जाते हैं। रस शृंगार है। इस रूपक की कथावस्तु का स्थान उज्जैन है।

शूद्रक का दूसरा रूपक है— पद्मप्राभृतक भाण। यह चतुर्भाणी में वररुचि, ईश्वरदत्त तथा श्यामिलक के भाण के साथ संग्रह में प्रकाशित है। भाण एकनट एकांकी होता है। इसमें मुख और उपसंहार ये दो-दो संधियाँ होती हैं। भाण में अपने तथा दूसरे के साहसिक कार्यों का विवरण होता है। भाण का नायक विट होता है। भाण आकाशभाषित प्रश्नोत्तरों से आगे बढ़ता है। इसमें लास्य होने पर भी कैशिकी वृत्ति नहीं होती। इसमें बहुधा शृंगार रस होता है। भारती वृत्ति होने से भाण में हास्य- व्यंग्य रहता है। यह पुरुष द्वारा प्रस्तुत होता है और इसकी भाषा संस्कृत होती है। शूद्रक के पूर्वोक्त पद्मप्राभृतक भाण में ये सभी विशेषताएँ पाई जाती हैं। उसमें भी मृच्छकटिक के समान गणिकाओं का परिवेश प्रस्तुत हुआ है। सम्भवतः इसलिए भी कि शूद्रक को वेशज्ञ माना गया है। इस भाण में कवियों, वैयाकरणों, धार्मिकों, राजपुरुषों, विटों का मजाक उड़ाया गया है। भाण में समाज का जीता-जागता चित्रण है। शूद्रक के इन दोनों नाटकों में समाज के उच्च वर्ग की कमजोरियों और निम्न वर्ग के गुणों को भी प्रकट किया गया है। मृच्छकटिक में चोर और जुआरी भी सन्मार्ग की ओर उन्मुख हैं। गणिका वधू बनने को लालायित है। पद्मप्राभृतक में भी कुमुद्वती राजवधू का घूँघट पाने का आशीर्वाद पाने की हकदार है।

पद्मप्राभृतक अर्थात् कमल का उपहार या नजराना। इसका कथानक भी उज्जैन में ही घटित होता है। इसकी भाषा सशक्त, व्यंग्यात्मक और तत्कालीन प्रचलित मुहावरों का प्रबल उदाहरण है। इसमें गहरी चोट की क्षमता है। चतुर्भाणी की अभिव्यक्ति क्षमता का बखान करते हुए पद्मप्राभृतक के अन्त में एक श्लोक में बताया गया है कि वररुचि, ईश्वरदत्त, श्यामिलक और शूद्रक के भाणों के सामने कालिदास की भी क्या बिसात?

वररुचिरीश्वरदत्तः श्यामिलकः शूद्रकश्चत्वारः।
ऐते भाणान् बभणुः का शक्तिः कालिदासस्य।।

भारतीय साहित्य में सुप्रसिद्ध और लोकप्रिय धूर्त मित्र मूलदेव और शश की जोड़ी शूद्रक के पद्मप्राभृतक भाण में भी है। मूलदेव चोरों का आचार्य भी रहा है। वह पाटलिपुत्र का निवासी था परन्तु उसका कार्यक्षेत्र उज्जैन रहा।

पद्मप्राभृतक के आरम्भ में सूत्रधार वसन्त के गुण बखानता है। उधर कर्णीसुत मूलदेव देवसेना के प्रेम में विह्वल है। वह अनेक शास्त्रों तथा कलाओं में पारंगत है। उसने अपने मित्र शश से कहा कि बड़ी बहन देवदत्ता इधर आए तब तक तुम जाकर देवसेना की बीमारी ज्ञात करो। प्रस्थान करते ही शश उज्जयिनी की शोभा का वर्णन करता है। आगे बढ़ते ही सारस्वतभद्र मिला जो सफेद खड़िया से घर के द्वार के पास

कविता लिखने में लीन है। शश उसे पुरानी कविताओं की जोड़तोड़ करने वाला बताता है। शूद्रक पर भी ऐसा आरोप लगता रहा मृच्छकटिक के विषय में। तभी विपुलामात्य को वह बताता है कि मूलदेव विपुला को मनाता रहा। पर वह मानी नहीं। आगे वैयाकरण दत्तकलशि मिलता है जो कातंत्रिक वैयाकरणों से परेशान था। विट उसे जरा चलतु भाषा बोलने की सलाह देता है। तभी छुआछूत करते पवित्रक से भेंट होती है जिसका वारुणिका गणिका से सम्बन्ध है। गायक आर्य नागदत्त के पुराने नाटक का विट और मृदंग वासुलक को वेश्याएँ बुड्ढा बैल कह कर पुकारती हैं। उधर वासिष्ठीपुत्र शैषिलक की बौद्ध भिक्षुणी से बदतमीजी भी बताई जाती है। वेश में पहुँचने पर विट को गन्दी चादर से ढका बौद्ध भिक्षु दिखाई देता है जो किसी वेश्या के घर से निकल रहा है। तभी कामदेव के मन्दिर से उतरती इठलाती वनराजिका के बाद इरिम की रखैल ताम्बूलसेना के घर से आगे राजकुमार मौर्य चन्द्रोदय की विरहिणी कुमुद्वती गणिका के निश्छल प्रेम की प्रशंसा करता विट आगे बढ़ जाता है। उधर उपवन में प्रयंगुयष्टिका गेंद खेलने में व्यस्त है। चन्द्रधर की प्रेमिका शोणदासी विरह के वेश में विरह गीत गा रही है। उधर द्वार पर खड़ी मगधसुन्दरी किसी की प्रतीक्षा में वल्लभा चौपदी गुनगुना रही है। अन्ततः विट को देवसेना के घर के उद्यान में नाटेरक मिलता है जो देवसेना को कुमुद्वती प्रकरण में कुमुद्वती की भूमिका का आलेख देने आया था। देवसेना बीमार सी लग रही थी। वालपत्र पर विट ने भूमिका का गीत पढ़ा। देवसेना ने माना कि वह मूलदेव से प्रेम करती है। मूलदेव स्वजनों से मिलने पाटलिपुत्र जाना चाहता है। यह सुनकर देवसेना रोने लगी। तब विट ने बताया कि मूलदेव भी उसके विरह में व्याकुल है। दोनों को मिलना चाहिए। अन्त में विट मूलदेव के लिए देवसेना से लीला कमल का उपहार लेकर विदा हुआ।

पूरा भाण उज्जैन के एक कोने से दूसरे कोने तक की विशेष यात्रा है। इस यात्रा में जो विभिन्न दृश्य सामने आते गए उनकी मनोहर भाषा में रनिंग कमेंट्री है, ऐसी कमेंट्री जिसका प्रमुख पात्र स्वयं एंकर है। ये सोलह दृश्य ऐसे हैं मानो फिल्मांकन के लिए लिखे गए हैं—आकर्षक, रंजक, ललित, रोचक, दृश्य-विधानपूर्ण, कलात्मक, सजीव और सरस ही नहीं अपितु समाज के मुखौटे उतारते भी। एकनट नाटक की समस्त नाटकीयता से परिपूर्ण। यह आधुनिक नुक्कड़ नाटक का पूर्वरूप है। ऐसी ही तो सरस दृश्ययात्रा है मेघदूत में भी, अलग-अलग दृश्यों की पूरी पंक्ति और ऐसी ही दृश्यावलि है रघुवंश के इन्दुमती स्वयंवर में भी। सब में मुख और उपसंहृति संधि, सपाट परन्तु सरस कथायात्रा। निश्चय ही इन भाणों में कहीं-कहीं अश्लीलता झलकने लगती है। मालवा के माच भी तो शायद इसीलिए नारीदर्शकों के लिए वर्जित थे। परवर्ती माच उस दोष से चाहे मुक्त हो गए हों परन्तु आज का सिनेमा इन भाणों और माचों की हद को भी पार करता जा रहा है।

शूद्रक के पद्मप्राभृतक भाण की गणिका कुमुद्वती उज्जैन के राजकुमार चन्द्रोदय मौर्य में अनुरक्त है। राजकुमार भी सामन्तों को दबाने के लिए सेना के साथ गया है।

उसके विरह में कुमुद्वती ने तो कुलवधुओं को भी पीछे छोड़ दिया। अपने घर की अटारी पर बैठे कौए का वह गीत से स्वागत करती है—हे अटारी के गोखड़े के तिलक, हे श्राद्ध-उपहार के अतिथि, तेरा भला हो। सदा प्रवासी मेरा प्रिय मेरे जीते जी आ जाएगा क्या? यदि आ जाए तो दूसरे के द्वार तोरण पर जा बैठ। दुःख दूर होने पर, प्रियतम से मिलकर मैं तुझे दही-भात खिलाऊँगी।

भद्रं ते वलभीगवाक्षतिलक श्राद्धोपहारातिथे
जीवन्त्यां मयि कच्चिदेष्यति स मे नित्यप्रवासी प्रियः।
यद्यागच्छति गच्छ तावदितरद्वाराश्रितं तोरणं
निःशोका हि समेत्य मे प्रियतमं दास्यामि दध्योदनम्।।29

इस निष्कपट अनुराग का विट आदर करते हुए उपहास नहीं करता और आशीर्वाद देता है कि उसे रानी का घूँघट मिले। अर्थात् वह इस राजा की रानी बने। ग्यारहवीं शती के भट्ट लक्ष्मीधर के चक्रपाणिविजय महाकाव्य (1/8) ने समासोक्ति द्वारा इसी प्रसंग को याद किया प्रतीत होता है—

चन्द्रोदयध्यानपरायणेव कुमुद्वती यस्य न नीरसा गीः।

इससे स्पष्ट है कि इस महाकाव्य के रचनाकाल तक इस भाण और उसके इस मर्म का स्मरण ही नहीं किया जाता था, वह इतना लोकप्रिय था कि उसे उपमान रूप में भी प्रस्तुत किया जाता रहा। शूद्रक यह प्रसंग प्रस्तुत करते हुए भी यह बताना नहीं भूलता कि उज्जैन के आसपास के सामन्तों में अशान्ति है। मृच्छकटिक में भी अशान्ति है, पद्मप्राभृतक में भी उसका संकेत है। यह राजकुमार मौर्य है। अर्थात् यह कथावस्तु या तो शुंगकाल से पूर्व की है अथवा उस समय की है जब विदिशा में अग्निमित्र का शासन आ चुका है परन्तु उज्जैन अभी शुंगों के अधीन नहीं हुआ है। परन्तु सामन्तों में विद्रोह भावना जगने लग गई है। मूलदेव और शश के साहित्यिक और पुरातात्त्विक प्रमाण उन्हें ईसवी पूर्व का ही बताते हैं।[1]

पद्मप्राभृतक का आरम्भ भास की परम्परा में सूत्रधार द्वारा किया गया है। मृच्छकटिक का भी वैसा ही आरम्भ रहा होगा। परन्तु परवर्ती परिवर्धन में वह बाद की कालिदास आदि की परम्परा की प्रस्तावना बन गई।

जिस प्रकार पद्मप्राभृतक में इतिहास का आभास लगता है उसी प्रकार मृच्छकटिक में भी कि उसकी कथा बुद्ध के तत्काल बाद या प्रद्योत के उत्तराधिकारी के युग की कथा है। भास ने वैसे भी उदयन-वासवदत्ता सम्बन्धी दो नाटक (स्वप्नवासवदत्ता और प्रतिज्ञायौगन्धरायण) लिखकर उस युग को प्रस्तुत कर दिया था। उससे एक पीढ़ी बाद की कहानी उन्होंने चारुदत्त नाटक में प्रस्तुत की जो मृच्छकटिक में भी है ही। चारुदत्त

1. द्रष्टव्य मेरी पुस्तक 'भारतीय अभिलेख और इतिहास', पृष्ठ 150-152, 2003 ई.

सहृदय और रसिक तथा उदार-उदात्त चरित से सम्पन्न बताया गया है। यह संयोग है कि हाल की गाहासत्तसई में उसके एक टीकाकार पीताम्बर के अनुसार तीन (5/51,6/71,72) प्राकृत गाथाएँ चारुदत्त की रची हुई संकलित हैं जो इस प्रकार हैं—

1. हिअआहिन्तो पसरन्ति जाइँ अण्णाइँ ताइँ वअणाइँ।
   ओसरसु किं इमेहिं अहरुत्तरमेत्त भणिएहिँ।। 5/51
   (दिल से निकली बात जो वे होती हैं और।
   हट अरे ये ओठ तव क्यों करते हैं शोर।।
2. वाआइ किं भणिज्जउ केत्तिअमेत्तं व लिक्खए गेहे।
   तुह विरहे जं दुक्खं तस्स तुमं चेअ गहिअत्थो।।6/71
   (वाणी से हम क्या कहें कितना लिख दें लेख।
   जो दुख तेरे विरह में तू ही समझे भेद (सार)।।
3. मअणग्गिणो व्व धूमं मोहणपिच्छिं व लोअदिट्ठीए।
   जोव्वणधअं व मुद्धा वहइ सुअन्धं चिउरभारं।। 6/72
   जोवन ध्वज से चिकुर ये मुगधा के नवझूम।
   नैनामोहिनी पिच्छिका मदनानल का धूम।।

उदयन-वासवदत्ता सम्बन्धी लोकप्रिय कथाएँ ईसवी पूर्व से ईसवी की पहली सहस्राब्दी में पूरे वातावरण में छाई हुई थी। जैसे आज पंडवानी के गायक दक्ष होते हैं, उसी प्रकार प्राचीन काल में मालवा के गाँवों में उदयन-कथा के उस्ताद होते थे। इस ओर मेघदूत में कालिदास ने स्पष्ट संकेत भी किया है—

प्राप्यावन्तीनुदयनकथाकोविदग्रामवृद्धाः।

ये कथाएं मिट्टी के आकार लेकर उभरकर लोक में व्याप्त हो गए। ऐसे कई टेराकोटा प्राप्त भी हुए हैं जिन पर हाथी पर वासवदत्ता-हरण का अंकन हैं। वत्सभट्टि के मन्दसौर लेख में ऐसे कथविदों की और चतुर्भाणी क अनन्तकथ धावकि की बात पहले कही जा चुकी है। वृहत्कथा के अतिरिक्त कई नाटक, काव्य, कथा, चम्पू आदि भी इन कथाओं से भरे थे जिनमें से कुछ सुलभ भी हैं। ऐसा ही एक नाटक वीणावासवदत्ता भी सुलभ है। वर्तमान में यह आठ अंकों का अपूर्ण नाटक है। उसका दूसरा नाम वत्सराजचरित है। इसका रचयिता ज्ञात नहीं है। परन्तु इसका नान्दी श्लोक शूद्रक के नाम से वल्लभदेव की सुभाषितावली में उद्धृत है। इस आधार पर ए.आर. सरस्वती, एम.आर. कवि आदि विद्वानों ने इसे शूद्रक की रचना स्वीकार किया है, उसी शूद्रक की जिसने मृच्छकटिक की रचना की है। यों तो शब्द और वाक्यगत कुछ समानताएँ दोनों नाटकों में मिल जाती हैं परन्तु साथ ही एक और महत्त्वपूर्ण तथ्य है कि जिस प्रकार भास के चार अंकों के चारुदत्त का विस्तार मृच्छकटिक है उसी प्रकार भास के चार अंकों के प्रतिज्ञायौगन्धरायण का भी विस्तार वीणावासवदत्ता में है। भास के चारुदत्त के समान ही प्रतिज्ञायौगन्धरायण में भी चार ही अंक हैं। और उनके विस्तृत

रूप मृच्छकटिक के समान वीणावासवदत्ता में भी दस अंक रहे होंगे। क्योंकि यह वर्तमान में सुलभ आठ अंकों का भी अपूर्ण नाटक है। परन्तु वीणावासवदत्ता में प्रतिज्ञायौगन्धरायण के चारों अंकों की स्थूल रूपरेखा ही है, चारुदत्त के समान शब्द वाक्यगत वहाँ अनुकरण नहीं है। भास के चारुदत्त से आगे बढ़कर शूद्रक ने मृच्छकटिक में आर्यक की क्रान्तिकथा का पल्लवन किया, उसी प्रकार प्रतिज्ञायौगन्धरायण से आगे बढ़कर प्रद्योतपक्ष को भी कवि द्वारा बल देकर दोनों पक्षों को पूरक या सपक्ष बना देने की अनोखी कला का इसमें विस्तार है। अर्थात् वासवदत्ता का अपहरण करवा देने की प्रद्योतपक्ष की साजिश का भी इसमें राजनीतिक उपक्रम है। इस प्रकार मृच्छकटिक के समान इसमें प्रेमकथा को राजनीति के साथ कुशलता से बुन दिया गया है। इस बुनावट में न मुद्राराक्षस जैसी रुक्षता है और न मृच्छकटिक जैसी आम जनता की क्रान्ति। अपितु दो राजवर्ग के दाँवपेच हैं जिनमें आम जनता की भी मनोहर भागीदारी है। दोनों विपक्ष अलग होने पर भी एक लक्ष्य की ओर अग्रसर होने से जीत दोनों की होनी है। जाल दोनों ओर से बिछाए जाते हैं। फँसते भी हैं। परन्तु इस जाल से दोनों पक्षों का लाभ होता है। इस पूरे ताने-बाने को बड़ी सफलता से इस नाटक में बुना गया है। यह शूद्रक जैसे सिद्धहस्त नाटककार के ही बूते का काम हो सकता है। वल्लभदेव ने अपनी सुभाषितावली में वीणावासवदत्ता का एक और श्लोक (3/18) भी उद्धृत किया है। मृच्छकटिक में (4/26) शूद्रक यह संकेत देना भी नहीं भूलता कि आर्यक को बन्धनागार से छुड़ाने के लिए शर्विलक उसी प्रकार तत्पर हो जाता है जिस प्रकार उदयन को मुक्त कराने के लिए यौगन्धरायण।

उत्तेजयामि सुहृदः परिमोक्षणाय यौगन्धरायण इवोदयनस्य राज्ञः।

इससे स्पष्ट है कि शूद्रक भी उदयनकथा से अभिभूत तो है ही। उदयनकथा से तो कौटिल्य भी अभिभूत था। हाथी पकड़ने के लालच में जो राजा हो उसका उपहरण कर लें (अध्याय 142) अथवा समय की प्रतीक्षा कर फिर अपनी उन्नति कर लेनी चाहिए।

दृष्टा हि जीवितः पुनरावृत्तिर्यथा सुयात्रोदयनाभ्याम्। 9/7/36

अथवा

हस्तिकामं वा नागवनपाला हस्तिना लक्षण्येन प्रलोभयेयुः,
प्रतिपन्नं गहनमेकायनं वातिनीयं घातयेयुः, बद्ध्वा वापहरेयुः। (अध्याय 142)

उदयन को बन्दी बनाने की घटना पर यह सिद्धान्त आधारित है। यही नहीं भास के श्लोक भी अर्थशास्त्र में उद्धृत हैं—

यान् यज्ञसङ्घैस्तपसा च विप्राः स्वर्गैषिणः पात्रचयैश्च यान्ति।
क्षणेन तानप्यतियान्ति शूराः प्राणान् सुयुद्धेषु परित्यजन्तः।।

नवं शरावं सलिलस्य पूर्णं सुसंस्कृतं दर्भकृतोत्तरीयम्।
तत् तस्य मा भून्नरकं च गच्छेद् यो भर्तृपिण्डस्य कृते न युध्येत्।।
इति मन्त्रिपुरोहिताभ्यामुत्साहयेद् योधान्। 10/30, पृ. 116, भाग 3।

पादताडितक भाण (117) में भी वासवदत्ताहरण का मनोहर चित्र प्रस्तुत किया गया है—सामने की हवा के वेग से फरफराते बाल और उत्तरीय—ऐसी कान्ता का हथिनी द्वारा हरण करवाया जा रहा है जैसे उदयन ने वासवदत्ता का किया था।

प्रतिमुखपवनैर्वेगात् उत्क्षिप्ताग्रालकोत्तरीयान्ताम्।
कान्तां हरति करेण्वा वासवदत्तामिवोदयनः।।

वीणावासवदत्ता में उदयन की घोषा वीणा की चर्चा है। नाट्यशास्त्र (33।15) में वीणा का एक प्रकार बताया गया है।

वीणावासवदत्ता के वत्सराजचरित के नाम से प्राचीन ग्रन्थों में अनेक बार उल्लेख हुए हैं। नाट्यशास्त्र की टीका में एम.आर. कवि वत्सराजचरित को (आठ अंकों में से) कई बार उद्धृत करते हैं, विशेषकर सोलहवें तथा अठारहवें अध्याय की टीका में। दशरूपक (2।57-58 की वृत्ति) और साहित्यदर्पण (6।135-136 की वृत्ति) में इस वत्सराजचरित को उदयनचरित के नाम से भी उद्धृत किया है। वीणावासवदत्ता के द्वितीय अंक का नकली हाथी के छल में उदयन को बन्दी बनाने का दृश्य इनमें उद्धृत है।

वासवदत्ता का सम्बन्ध पहले संजय के साथ तय हो जाने पर वह स्वयं को उदयन को दे देती है। यह घटना वीणावासदत्ता में है, अन्यत्र कहीं ज्ञात नहीं है। इस घटना का स्पष्ट संजय के नाम सहित उल्लेख भवभूति के मालतीमाधव (2।6 के बाद) में किया गया है और भोज के श्रृंगारप्रकाश (भाग 4, पृष्ठ 927) में भी यथावत् दिया गया है। स्पष्ट ही सातवीं शती के भवभूति से पूर्व इस रचना के तथ्यों की ख्याति रही।

1. **वासवदत्ता च संजयाय राज्ञे पित्रा दत्तात्मानमुदयनाय प्रायच्छदित्यादि तदपि साहसाभासमित्यनुपदेष्टव्य एवायमर्थः। मालती, 2।7 के बाद।**

2. वासवदत्ता च संजयाय च राज्ञे मालती राजसुहृदे नन्दनाय पित्रा प्रदत्तमात्मानमुदयनाय माधवाय च प्रायच्छन्। शृं. प्र., पृ. 927। और इनका मूल है वीणावासवदत्ता नाटक के प्रथम अंक में—

भरत : स (उदयनः) नो महेश्वरानुमतो वरः।
राजा : सञ्जयाय तां दास्यामीति शुल्कं प्रतिगृह्य तस्मै न दत्तवानिति नन्वस्माकमयशः।
भरत : यथा वाच्यदोषो न भविष्यति तथोपायं करिष्यामि।
राजा : कथमिव?

भरत : स्वयमेव गमिष्यति। 1/14/3-8

—o—o—

भरत : वत्सराजस्य स्वयंप्रदाने सञ्जये प्रीतिविश्लेषोऽपि संवादिता जाता, कीर्तिश्च। 1।14।20

भरत : प्रसह्य हरणे केवलं प्रमादिता ख्यातिः। 1।14।26

मालतीमाधव और शृंगारप्रकाश के उल्लेखों का आधार यह है। और इसकी उपेक्षा नहीं की जा सकती। वीणावासवदत्ता में उलझी वस्तु को सम्हालने में दक्षता, छोटे-छोटे और वस्तु को आगे बढ़ाने वाले, उत्सुकता बढ़ाते सरल संवाद आदि शूद्रक के गुण यहाँ भी देखे जा सकते हैं। प्रतिज्ञायौगन्धरायण की एकतरफा कहानी को उभयपक्षी कर देने की कला, मृच्छकटिककार की कला से मेल खाती है। अतः वीणावासवदत्ता (वत्सराजचरित अथवा उदयनचरित) का रचयिता शूद्रक होने में सन्देह नहीं होना चाहिए। यद्यपि वीणावासवदत्ता की प्रतिज्ञायौगन्धरायण से वैसी शब्दसमता या वाक्यसमता नहीं है जैसी मृच्छकटिक की चारुदत्त से है। चारुदत्त के चार अंकों का संशोधन-परिवर्धन कर मृच्छकटिक में छः अंक जोड़े गए हैं। परन्तु प्रतिज्ञायौगन्धरायण का इससे अंकगत या वाक्यगत साम्य उस तरह का नहीं है। बल्कि केवल उसकी वस्तु का वीणावासवदत्ता में अपनी तरह से उपयोग कर उसे सम्यक् विस्तार दिया गया है। प्रतिज्ञायौगन्धरायण और वीणावासवदत्ता में समान पात्र कई हैं। यथा यौगन्धरायण, विदूषक, हंसक, महासेन, भरतरोहक, वासवदत्ता, देवी अंगारवती। विजया को भास ने वत्सराज की प्रतिहारी बताया परन्तु वीणावासवदत्ता में विजयिका उज्जैन प्रासाद की प्रतिहारी है। वीणावासवदत्ता का कथानक इस प्रकार है—

प्रथम अंक का आरम्भ शिवजी की प्रार्थना से होता है, सूत्रधार और नटी की बेटी के विवाह की चिन्ता से होता है। तभी राजा प्रद्योत और उसके सहयोगी अधिकारियों का प्रवेश और अश्मक के राजकुमार से वासवदत्ता का विवाह न कर शिवजी के स्वप्नादेश के अनुसार योग्य शत्रु राजा से विवाह करने की बात सामने आती है और उसकी मार्गव्यवस्था होती है। द्वितीय अंक में वीणावादन से हाथी पकड़ने का शौकीन उदयन प्रद्योत के नकली हाथी के पास पहुँच जाता है, जिसे प्रद्योत के सैनिक पकड़ कर उज्जैन ले आते हैं।

तृतीय अंक में यह घटना सुनकर यौगन्धरायण उदयन को प्रद्योत के चंगुल से छुड़ाने के लिए कौशाम्बी में लोगों की नजरें बाँधकर चिता में कूदने के छल से उज्जैन आकर सुनता है कि पीछे से कौशाम्बी में उदयन के भाइयों की हत्या कर काशीराज आरुणि वत्स पर अधिकार कर लेता है।

चतुर्थ अंक में डिण्डिक के वेश में विदूषक वसन्तक उज्जैन आकर प्रद्योत का विश्वास जीतकर उसका भी विदूषक बन जाता है और उदयन के लिए गुप्तचरी करता है। हंसक और वह यौगन्धरायण से मिलते हैं। सब दूर गुप्तचर व्यवस्था कर दी गई थी। प्रद्योत के युद्धगज नलागिरि के पागलपन से आतंकित राजा उसे पकड़ने

के लिए उदयन को मुक्त करता है। हाथी पकड़ा जाने के बाद वसन्तसेना पर मुग्ध उदयन उज्जैन से निकल भागने की सलाह की उपेक्षा कर देता है। घोषवती वीणा राजकुमारी बजाना चाहती है तभी उदयन के लिए मँगवा ली जाती है।

पाँचवें अंक में उदयन के प्रति सहानुभूति रखने वाली परिव्राजिका अपने शरीर में देवता के नकली आवेश से प्रभावित करती है और वासवदत्ता को मनोकामना पूरी होने का आशीर्वाद देती है। कहती है कि वासवदत्ता गन्धर्व से आक्रान्त है और उसे उदयन ही मुक्त कर सकता है क्योंकि वह गन्धर्वराज है। इस हेतु उदयन को वासवदत्ता के पास वीणा सिखाने के लिए भेजा जाना राजा प्रद्योत द्वारा तय होता है।

छठे अंक में विदूषक उदयन की परस्पर वासवदत्ता प्रेम की चर्चा में वासवदत्ता सम्बन्धी नाटक की अनोखी कल्पना प्रस्तुत होती है जिसमें घटित होती घटनाएँ नाटक की सन्धि के अनुरूप दृश्य बनते चले जाते हैं। नाटक में बनते नाटक, एक दृश्य पूरा होकर दूसरे दृश्य का आरम्भ भी हो जाता है। अरुणि प्रद्योत को उदयन से सावधान रहने की सलाह देता है परन्तु प्रद्योत मुस्कुराकर रह जाता है। भरतरोहक उदयन को ले जाता है– वासवदत्ता को वीणा सिखाने के लिए।

सातवें अंक में उदयन-वासवदत्ता की वीणाशिक्षा का दृश्य है जिसमें विदूषक विभिन्न नृत्य करता है। वासवदत्ता उसे उपहार में अंगूठी देती है। वासवदत्ता का मन टटोलने के लिए उदयन विदूषक के साथ नर्मदा नामक गाणिका के पास उपहार भेजता है।

आठवें अंक में वासवदत्ता उदयन के प्रेम में विह्वल है और उसे सूचना मिलती है कि उदयन तो गणिका नर्मदा पर आसक्त है। वह सांकृत्यायनी को यह बताना चाहती है। उधर सांकृत्यायनी उद्यान में उदयन का पत्र राजकुमारी को देने के लिए आती है और बताती है कि राजकुमारी के प्रेम का भाग लेने के लिए उदयन ने नर्मदा की झूठी अफवाह फैलाई है। तभी उदयन द्वारा सुधारी गई वीणा लाई जाती है। वासवदत्ता उदयन सम्बन्धी प्रेमगीत वीणा पर गाती है।

उपलब्ध वीणावासवदत्ता पुस्तक यहीं तक प्राप्त है। यह अपूर्ण है। इसे पूर्ण करने का प्रयास इन पंक्तियों के लेखक ने एक और अंक हिन्दी में लिखकर किया था जो मंच पर प्रस्तुत भी हुआ और वीणावासवदत्ता के हिन्दी अनुवाद के साथ प्रकाशित भी हुआ है– वीणावासदत्ता का कार्यस्थल भी उज्जैन ही है। इस प्रकार शूद्रक के तीनों नाटक उज्जैन से ही सम्बद्ध हैं। एक भाण है, एक प्रकरण है और एक नाटक है। अर्थात् शूद्रक के नाम से उपलब्ध समूचा साहित्य दृश्य काव्य या नाट्य ही है। तीनों रूपक प्रस्तुति की दृष्टि से भी अत्यन्त सफल हैं। इन सबकी सफल प्रस्तुतियाँ हुई हैं। इनमें सर्वाधिक प्रसिद्ध और लोकप्रिय रूपक निस्सन्देह मृच्छकटिक है।

अभिज्ञानशाकुन्तलचर्चा नामक टीका में दो बार वीणावासवदत्तम् को उद्धृत किया गया है। और उसमें एक स्थान पर उस नाटक की प्रस्तावना का एक अंश भी उद्धृत किया गया है। यथा– **एवं वीणावासवदत्तादौ-यद्येवमद्यप्रभृति नियमो-**

पवासैर्भगवन्तं महेश्वरमाराध्य तदभिप्रेताय दास्यामि (वीणा. 1-2-5) इत्यादौ द्रष्टव्यम्।

मृच्छकटिक के चोर शर्विलक के समान वीणावासवदत्ता (द्वितीय अंक) का चोरसेनापति भी संस्कृत बोलता है, प्राकृत नहीं। शर्विलक तो विद्वान् ब्राह्मण था परन्तु इसके विषय में ऐसा कुछ ज्ञात नहीं है।

प्राक्कालिदासीय रूपकों की प्रस्तावना में रचयिता का नाम नहीं होता है। ग्रन्थकार का नाम ग्रन्थ के अन्त में पुष्पिका में रहता है। वीणावासवदत्ता अपूर्ण होने से पुष्पिकाभाव में ग्रन्थकार का नाम भी नहीं है।

शूद्रक एक सफल और लोकप्रिय साहित्यकार तथा नाटककार था। आम जनता की अभिरुचि पहचान की पकड़ उसकी मजबूत थी। इसीलिए वह संस्कृत हो या प्राकृत—उनकी लोकसमझ की आवश्यकता पर विशेष बल देता है। पद्मप्राभृतक है तो संस्कृत रूपक परन्तु उसकी भाषा तत्कालीन जनता की मुहावरेदार हास्य-व्यंग्य से भरपूर है। ऐसी कि उसे पढ़ते-सुनते ही उसकी पकड़ में आ जाए। रसिक विट जैसे ही उज्जयिनी की सड़क पर आगे बढ़ता है उसे कविता करने का अभिनय करता कवि कात्यायन दिखाई देता है। विट आशीर्वाद देता है कि उसे केवल दोष देखने वाले आलोचकों से पाला न पड़े। ऐसे ईर्ष्यालु आलोचक हर समय होते रहे हैं।

आगे उसे व्याकरण में साक्षात् पाणिनि दत्तकलशि मिलता है जो सदा वाग्जाल बुनता रहता है। इसकी वाणी थोड़ी सी छूने भर से मन्दिर के घण्टे के समान टनटनाने लगती है। स्वागत रे अक्षर के कोठार। वैयाकरण कहता है कि मुर्दों का मांस खाने वाले कौए जैसे कातांत्रिकों की वह परवाह नहीं करता। वैयाकरण के कुछ कर्णकटु शब्द प्रयोग करने पर विट कहता है कि ऐसे डंडामार निष्ठुर वाणी के वज्र से मत मार। जरा व्यावहारिक भाषा में बात कर। ऊँट की बलबलाहट जैसा कानों का विष, वैयाकरणों के वाणी-व्यसन के हम योग्य नहीं हैं। वैयाकरण अपनी आदत की मजबूरी बताता है तो विट सलाह देता है—आपसी बातचीत, स्त्री-मित्र के स्वागत में, अदालती मामले में, कहावतों में, कठोर शब्दों-अक्षरों का क्या मेल? जैसे फूल के सेहरे में काँटों का? वैयाकरण कहता है—उसकी ऐसी मीठी (व्याकरण भरी) बोली से भी प्रिया रूठ गई। तब विट चोट करता है—बेचारी रशनावती। पेड़ों की झाड़ी में विचरती कोयल कटीले बिल्ले के पेड़ पर जा बैठी। अरे कठोर शब्दों के व्याकरण की चिंगारियों जैसी वाणी से तू त्रास देता रहता है। अरे जो कर्णकटु वाणी की आग से अनुरक्ता को छूता है वह तो मानो जलती लकड़ी से वीणा बजाता है। कवि ने लोकव्यवहार की भाषा की तरफदारी की है—

स्वैरालापे स्त्री-वयस्योपचारे कार्यारम्भे लोकवादाश्रये च।
कः संश्लेषः कष्टशब्दाक्षराणां पुष्पापीडे कण्टकानां यथैव।।17

सरल संस्कृत वह होगी जिसमें अधिक व्याकरण न बघारी गई हो पर शुद्ध हो,

कठोर अक्षर या शब्द भी उसमें नहीं होना चाहिए। ऐसी भाषा लोकोपयोगी और लोकप्रिय होती है।

नाटक में भिन्न-भिन्न पात्रों के लिए भिन्न-भिन्न प्राकृतों के उपयोग की अनुशंसा नाट्यशास्त्र में की गई है। उनके अनुसार प्राकृत सात हैं– मागधी, अवन्तिजा, प्राच्या, शौरसेनी, अर्धमागधी, बाह्लीका, दाक्षिणात्या। अपभ्रंश भी सात बताई गई हैं– शकारी, आभीरी, चाण्डाली, शबरी, द्राविड़ी, औड्रजा, हीना या विभाषा। परवर्ती काल में प्राकृत काव्योचित स्वीकृत महाराष्ट्री प्राकृत का इसमें उल्लेख नहीं हुआ है। यह भी संयोग है कि नाट्यशास्त्रीय निर्देशों का पालन करते हुए शूद्रक ने अपने मृच्छकटिक में इनमें से बहुधा प्राकृतों का उपयोग किया परन्तु महाराष्ट्री प्राकृत का बिल्कुल ही नहीं किया। इससे स्पष्ट है कि साहित्य में महाराष्ट्री प्राकृत की स्वीकृति और प्रवेश से पूर्व ही शूद्रक ने नाटक की रचना कर ली थी। नाट्यशास्त्र, भास तथा शूद्रक साहित्य में महाराष्ट्री प्राकृत नहीं है। कविताओं में भी उसका उपयोग नहीं किया। जबकि कालिदास ने महाराष्ट्रीय का उपयोग किया है। अतः शूद्रक कालिदास से पूर्ववर्ती है।

मृच्छकटिक में वनचरों के लिए ठक्क भाषा का उपयोग बताया गया है। शौरसेनी भाषा का उपयोग इन पात्रों ने किया –सूत्रधार, नटी, रदनिका, मदनिका, वसन्तसेना, उसकी माता, चेटी, कर्णपूरक, चारुदत्त की पत्नी, शोधनक और श्रेष्ठी। आवन्ति भाषा का प्रयोग वीरक और चन्दनक करते हैं। विदूषक प्राच्यभाषा का उपयोग करता है! मागधी भाषा बोलने वाले ये छः हैं– संवाहक, तथा तीनों (शकार, वसन्तसेना, चारुदत्त) चेट, चारुदत्त का पुत्र, भिक्षु। टीकाकार पृथ्वीधर ये समस्त विवरण देते हुए कहता है कि शकारी भाषा राष्ट्रीय शकार बोलता है। चाण्डाली दोनों चाण्डाल बोलते हैं। ढक्क भाषा माथुर और द्यूतकर बोलते हैं।

कहते हैं कि केवल मृच्छकटिक ही वह रूपक है जिसमें एक ही नाटक में इतनी विभिन्न प्राकृत भाषाओं का उपयोग किया गया। इसमें भरत के नाट्यशास्त्र के निर्देशों के पालन की कामना तो है ही, इतनी विभिन्न भाषाओं के ज्ञान की प्रस्तुति भी है। पात्रों की प्रचुरता और विविधता में उनकी ही भाषा की प्रस्तुति की सावधानी अपेक्षित है– यह भी सन्देश है कवि का। तभी नाटक जनता का हो सकता है, जनता में जा सकता है।

प्राचीन काल में नाट्य जैसी दृश्यविद्या को समाज कहते थे और उसके दर्शक को सामाजिक। इन नाटकों और लोकनाट्यों में समाज को प्रभावित करने की पूरी क्षमता थी। समस्त वर्गों के मनोरंजन की इसमें पूरी क्षमता होती है। मनोरंजन के साथ ही इसके द्वारा जनचेतना भी जागृत की जा सकती है। चाहे वह राजनीतिक हो, धार्मिक हो, आर्थिक हो या कामवृत्ति की हो। जनता पर इसका सीधा प्रभाव पड़ता है। यह सीधा जनता और जन-भावना से जुड़ा माध्यम है। इस रंजक माध्यम का इस्तेमाल प्राचीन काल में भी भरपूर होता रहा। इस दृश्य माध्यम के खतरे को प्राचीन काल में

धार्मिकों ने और राजनीतिक शक्तियों ने भाँप लिया था। जैन ओर बौद्ध धार्मिक परम्परा में नाट्य देखने को अच्छा नहीं माना जाता था। सम्राट अशोक ने अपने प्रथम शिलालेख में ही समाज नहीं करने का निर्देश देते हुए कहा है कि समाज में अनेक दोष होते हैं इसलिए समाज नहीं करना चाहिए। देवों के प्रिय प्रियदर्शी (अशोक) कुछ समाज को अच्छा भी मानते हैं।

न च समाजो कर्तव्य। बहुकं हि दोसं समाजम्हि पसति देवानं पियो पियदसि लाजा। अस्ति पितु एकच्चा समाजा साधुमता देवानं पियस पियदसिनों रञो।

कौटिल्य भी अपने अर्थशास्त्र में समाज पर प्रतिबन्ध लगाने की अनुशंसा करता है। नाट्य पर प्रतिबन्ध या सेंसर का आरम्भ शायद कौटिल्य और बाद में अशोक ने ही कर दिया था। इसलिए भी नाट्यशास्त्र की धारा में आत्मप्रतिबन्ध का निर्देश है। दशरूपक (3।34-36) में स्पष्ट निर्देश है कि दूर की यात्रा, वध, युद्ध, राज्य या देश का विप्लव, घेराव, भोजन, स्नान, सुरत, अनुलेपन, वस्त्रग्रहण, नायक या राजा का वध प्रत्यक्ष न दिखाया जाए।

दूराध्वानो वधं युद्धं राज्यदेशादिविप्लवम्।
संरोधं भोजनं स्नानं सुरतं चानुलेपनमृ।
अम्बरग्रहणादीनि प्रत्यक्षाणि न निर्दिशेत्।
नाधिकारिवधं क्वापि ....।।

नाट्य-सूचना द्वारा दर्शकों को इनकी जानकारी दी जा सकती है। नाटकों में इन निर्देशों का बहुधा अनुपालन हुआ है। शूद्रक के नाटकों में भी ऐसे नाट्य-अनुशासनों का कहीं अतिक्रमण नहीं दिखाई देता। वहाँ भी प्रत्यक्ष ये बातें नहीं प्रस्तुत की गईं। मृच्छकटिक की राज्यक्रान्ति प्रत्यक्ष घटित नहीं होती, यद्यपि अपनी बात जनता तक पहुँचाने में रचनाकार सफल होता है। इसी प्रकार वह पद्मप्राभृतक में भी प्रत्यक्ष कुछ भी नहीं बताता, केवल सूचनाओं से गणिकाओं तथा समाज का गुह्य संसार उपस्थित कर दिया जाता है। दोनों रूपकों से यह तो स्पष्ट सन्देश जाता है कि गणिका की अपेक्षा गृहवधू की गरिमा अधिक थी, चाहे गणिका कितनी धनाढ्य हो। इसीलिए वधू का घूँघट पाने की लालसा दोनों नाटकों में है। यही नहीं उस तरह के मार्ग भी उनमें खोले गए हैं। स्वयं नायिका वसन्तसेना और मदनिका वधू का घूँघट पाती है। कुमुद्वती को भी भाण में वधू बनने का आशीर्वाद दिया जाता है।

शूद्रक के नाटकों में समाज को हू-ब-हू प्रस्तुत करने का सफल प्रयास है। उसके गुण-दोषों को उजागर किया गया है। चोर, जुआरी तथा निम्न वर्ग के लोग बुरे ही नहीं होते, उनमें अच्छाइयाँ भी होती हैं और अच्छा बनने की उनमें भी लालसा होती है। वे सब संगठित होकर सत्तापरिवर्तन तक कर सकते हैं, यदि उन्हें अच्छा मार्गदर्शन मिले तो अच्छाई का साथ देने के लिए वे भी सदा तत्पर रहते हैं।

मृच्छकटिक 'मिट्टी का छकड़ा' है। इस नाटक में एक के बाद दूसरी गाड़ी आती ही रहती है। गणिका वसन्तसेना को लेने के लिए शकार की गाड़ी आती है जो खाली लौटा दी जाती है। मदनिका को शर्विलक के साथ भेजने के लिए वसन्तसेना की गाड़ी जाती है। गणिका से वधू बनी नारी गाड़ी से भेजी जाती है। चारुदत्त का बालक मिट्टी की गाड़ी से नहीं, सोने की गाड़ी से खेलना चाहता और वसन्तसेना इसके लिए उस मिट्टी की गाड़ी को सोने के गहनों से भर देती है। चारुदत्त की गाड़ी में आर्यक बैठकर क्रान्ति का अग्रदूत बनता है। शकार की गाड़ी में वसन्तसेना बैठकर विपदा में पड़ जाती है। उज्जैन की गलियों में गाड़ियाँ फँस जाती हैं। शकार का गाड़ीवान् उन्हें सहयोग देता है। और वही गाड़ीवान् फाँसी पर चढ़ते चारुदत्त की दोषमुक्ति का प्रत्यक्ष गवाह बन उसका मार्ग प्रशस्त करने का सहयोगी बनता है। पूरे नाटक में बैलगाड़ी क्रान्ति है।

शूद्रक के मृच्छकटिक और पद्मप्राभृतक दोनों नाटकों में विट है। विट गणिका-प्रिय और धूर्त होता है। पद्मप्राभृतक में विट नायक ही है। परन्तु मृच्छकटिक का विट शकार का पिछलग्गू है। वहाँ शकार की धूर्तता और चालबाजी के सामने विट काफी सीधा और फीका है। पद्मप्राभृतक में विट समाज के हर वर्ग को आड़े हाथों लेता चलता है। परन्तु यहाँ भी उससे बढ़कर धूर्ताचार्य बताया गया है मूलदेव को जिसका वह सहयोगी है। स्पष्ट ही शूद्रक के अनुसार विट धूर्त होने पर भी किसी बड़े धूर्ताचार्य का सहयोगी ही होता है। ये दोनों नाटक गणिका सम्बन्धी होने पर भी व्यापक सामाजिक सरोकार से परिपूर्ण हैं।

इस पुस्तक में पद्मप्राभृतक का कुछ अंश, मृच्छकटिक के दो अंक और वीणावासदत्ता का एक अंक प्रस्तुत किया गया है। इसमें पहला शूद्रक की रचना है। दूसरे में शूद्रक के साथ अन्य भी रचनाकार बताए जाते हैं। तीसरे का परतः प्रमाण से **शूद्रक** रचनाकार है।

भगवतीलाल राजपुरोहित
बिलोटीपुरा, उज्जैन-456006

पद्मप्राभृतक

(नान्दी के बाद सूत्रधार का प्रवेश)

सूत्रधार—
जय हो उन भगवान रुद्र की
क्रोध अथवा कृपा से जिन्होंने
वनिता की विलास प्रतिमा
काम-शरीर को
कर दिया अधिक चमकदार।
और भी

कुरबक कुसुमों से उज्ज्वल हैं, कोयल कूक रही है।
अशोक कुसुमों सहित मनोहर किसलय डोल रही है।
आमगन्ध में भ्रमर गुंजन मिला हवा बह रही है।
आज वनों में काम धनुष ले मदनगति विचर रही है।।

और क्या?
पंछी समूह बाजा बजाता है।
तरु-रस मस्त गीत गा रही कोमल कोकिल
वन-रनिवास की ललना लता बन
पवनाचार्य के निर्देशों पर करती नर्तन
हर्षित होकर निज कुसुकों से तरु लता को
पल्लव-अंगुली से पटा रहे हैं
आया शोभन यह वसन्त जब
हार-श्वेत हिमकाल गया तब।

खल-हृदय के भेद से प्रकटे कुसुम सब ओर।
मूल। डाल अंकुर तना, युव अशोक घनघोर।।

वाह यह—

सिन्धुवार कोयल मतवारी बोले कुन्दसहित सहकार।
संग पवन मनोज मतवारा युवकों की यह मधुर बहार।।

निर्गम

(स्थापना समाप्त)

(विट का प्रवेश)

विट–

वाह, क्या बात है? शीत काल के बुढ़ापे से खंजर वर्ष रूप विट का हिम-रसायन के उपयोग से वासन्ती यौवन वापस लौट कर आ रहा है–

चल किसलय से नर्तित तरुगण कुसुमलता से वन यौवन।
तिलकतरु पर कोकिल कूके केशपाश-सी हरती जनमन।।
कुन्द कुसुम पर बैठा भँवरा ललना नयन विभ्रम अभिराम।
मदन शरों का भर कर तरकस ऋतु वसन्त फिर आया वीर।।

तो इस वसन्त से छोटी सी मन की बीमारी भी कर्णीपुत्र पर भारी पड़ती जा रही है। अनेक शास्त्रों का परम विज्ञ, समस्त कला और ज्ञान में दक्ष, युवतियों के कामतंत्र के सूत्रधार उस कर्णीपुत्र मूलदेव की भी यह दशा कर दी।

भोर चन्द्र सा मुरझा मुखड़ा जगी उनींदी आँखें लाल।
चिन्तादुर्बल तन, जमुहाई अंग अंग जलते ये हाल।
जो कभी देते थे सुख वे चन्द्र, वसन्त, गन्ध, संगीत।
माला आदिक से था रमता ही उनसे होता उद्दीप्त।।

तो वह अब देवसेना वाली बीमारी से छटपटाता अपने बुखार को हार, पंखे और चन्दन से दूर करके मिलन की आशा से खाट पर पड़ा किसी तरह जी रहा है। आज सवेरे ही देवदत्ता के पुष्पांजलिक नाम के सेवक ने आकर नम्रता से कर्णीपुत्र को कहा– आर्यपुत्र, आजी देवदत्ता ने कहलाया है– कल मेरे न आ पाने से आप मेरे प्रति उपेक्षाभाव न लावें। छोटी बहन देवसेना की अस्वस्थता के कारण रुक गई थी। अब मैं आ जाऊँगी। उसकी बात का उचित उत्तर देकर उसे रवाना कर कर्णीपुत्र ने बड़े प्रेम से मुझे कहा– यह उचित अवसर है। तबियत पूछने के बहाने विश्वास में लेकर उस देवसेना की असली परेशानी जान लें। यह मेरा प्रणाम है। मेरे हृदय में भीतर तक धँसे पूरे काम बाण को आप ही निकाल सकते हैं। तब मैंने मुसकुराते हुए कहा। अच्छा धूर्ताचार्य। तुम दिन में दीपक क्यों जला रहे हो? क्या मैं तुम दोनों के आपसी मन के मौन दूत आँखों का मिलना नहीं जानता? और फिर मैं वही तो शश हूँ, मूलदेव का दोस्त। उसे ज़ाल में फँसाए बिना नहीं आऊँगा। यह कहकर मैं रवाना हो गया। तो मैं राजपथ पर मित्रों से बातचीत में समय बिताते हुए उस चण्डालिका मुग्धा के पास ऐसे समय पहुँचूँ जब उसके पास देवदत्ता न हो।

(घूमकर)

वाह धरावधू के जम्बूद्वीप वाले गाल पर पत्रलेखा जैसी अवन्तिसुन्दरी

उज्जयिनी की सुन्दरता भी अनोखी है, जो कई प्रकार के साज-सामान से भरपूर है। यहाँ तो–

इधर पवित्र वेदपाठ है उधर हाथी रथ घोड़ों का नाद।
धनुवा की डोरी अंकारे और इधर है वीरों की माँद।।
देखो-देखो नाटक होता हो रहा कविता का पाठ।
गाना बजाना पंडिताई जूए का देखो तो ठाठ।।
पंछियों की चहचह, हँसना उधर विटों की लपरायाँ।
घर घर कड़े करधनियाँ खनके कलापंडितों की माया।।
सगुन तो देखूँ। काम सधेगा या नहीं? (देखकर)

यह तो कविता का पिछलग्गू कत्यायनगोत्र का शारद्वतीपुत्र सारस्वतभद्र अपने गृहद्वार के कोठे में अंगुली से सफेद खड़िया पकड़े खड़ा है। सोची बात याद आ गई लगती है। तभी आँखें और भौंहें मटकाकर जैसे भौंरी का खेल खेल रहा है। ऐसी बहती प्रतिभा के झरने में बाधा डालने वाले अपने परम मित्र पर भी कवि लोग बिगड़ पड़ते हैं। परन्तु सरस्वती की लता में लगे वाक्य के फूलों का गहना कर्णपूर किए बिना आगे बढ़ जाऊँगा तो अपने आप को ठगा गया सा मानूँगा। तो इसके पास जाऊँ। (पास जाकर)

मित्र कात्यायन, ये क्या आकाश की जुगाली कर रहा है? क्या कहता है?– वही काव्य का भूत मुझे हाँक रहा है। अरे बस रहने दे। पुराने काव्यपदों के टुकड़े गाँठने वाले। यह क्या बिखरी गायों को ढूँढते ग्वाले के समान ताजे पद खोज रहा है। मित्र किस बात को लेकर श्लोक बनाया। क्या कहता है–अरे इस रमणीय वसन्त पर।

क्या सुन सकता हूँ?

क्या कहता है–ये है तो सही भींत पर। पढ़ लो।

कहाँ? (देखकर) अच्छा तो यह है–

फूल फूल अट्टहास मदमत्त मधुकर
    कोकिल की कूह कूह तन सुभाव का स्वेद।
सुखद समीर तीखे काम से उद्दाम तन
    विवश बछेरी नव अबाध देह खेद।
प्रिय को मिलने प्रिया दौड़ी जाती बरबस
    सहस्त्र न दूती कोई सहसा करे भेद।
एक यह वसन्त ही अभिराम सुखधाम
    कामीजन सिद्धकाम भेद ना जाने वेद।।

वाह! साधु! शकुन अच्छा हुआ! मित्र तुझे यह कविता अच्छा पुत्र पाने जैसा जस दे। तेरी कविता की निन्दा न हो। अरे यह कौन हँसा? (देखकर) अरे यह तो मिलन कराने वाला पीठमर्द है। क्यों रे दर्दरक, इसमें हँसने की क्या बात है? क्या कहता है?

यह तो समुद्र पर पानी छिड़कना हुआ कि बृहस्पति की वाणी से पूजा कर रहे हो?

अरे अनाड़ी, ऐसी बात नहीं है। वसन्त मास को फूलों का उपहार नहीं चाहिए क्या? और तूने पहले कभी यह नहीं सुना—

पूजें सूरज दीपों से जल से सागर और कुसुमों से वसन्त।
हम वाणी से भगवान् वागीश्वर का करते अर्चन।।

ठीक है, तूने अपना पीठमर्द का स्वभाव दिखा दिया आखिर। हो गई आपकी सेवा। और फिर यह वसन्त का समय कोयल की स्वाभाविक कूकों से भरपूर हो रहा है। तू भी ऐसा ही हो। तो मैं सिधारूँ।

(घूमकर..., देखकर)

लो अब यह दूसरा आ गया। विपुला का अमात्य। कामदत्ता नाम के प्राकृत काव्य को सम्हालने में चतुर। वेश या गणिका के मामले में नीचा मुँह वाला जा रहा है। आ गया समझ में। अब मजाक की डुबकी से इसकी थाह मापूँगा। (इशारा करके) अरे मित्र, कुमुद को खिलाए बिना दिन के चन्द्रमा जैसा हमें छोड़े जा रहा है? थोड़ा सा हम पूछ रहे हैं—

कला-ज्ञान सम्पन्न अति विपुला गरब गरूर।
खोकर धीरज अधीर बन, पाया खेद जरूर।।

क्या कहता है? छलिए की बात समझ गया हूँ। क्या तेरा आचार्य मूलदेव अनजाना है? जो है वह भी मूलदेवी शठता है। हाँ भई, आप तो सीधे-सच्चे हैं। अपनी चेली विपुला को उलाहना क्यों नहीं देते? उस प्रेमरूठी को मनाने खुद कर्णीपुत्र आया था।

बरसाती गन्दी सरिता को, शारत्काल करने परसन्न।
जाड़े के पंखे सा उसको फेंका अपमानित कर खिन्न।।
क्या कहता है—कब? कैसे?

मित्र सुन! कुछ दिन पहले मेरे साथ कर्णीपुत्र विपुल को लेने गया। द्वार की पोल में ठहरकर उसके क्रोध की थाह लेने के लिए मूलदेव ने मुझे आग्रह के साथ भेजा। मैं भी मीठी-मीठी बातें करते हुए उसके पास गया। डाह से जली-भुनी उस सलोनी ने मुझे देखते ही मुँह फेर लिया। तब मैंने हँसी करते हुए कहा—

1. बाणभट्ट ने इस प्रसंग के विपुला, कर्णीसुत और शश का उल्लेख कादम्बरी में किया है—कर्णीसुतकथेव सन्निहितविपुला चला शशोपगता च।

किसने कहा मुझे क्या बोल?
किसके उत्तर हैं ये बोल।
सम्मुख बदन-चन्द्र कर बोल।

हो प्रसन्न प्रीति रस घोल।
नागिन सी भरकर रोष।
भौंह डराती — खोता होश।।

तब उसकी सखी अवन्तीसुन्दरी ने कहा—

निश्वासों से अधर जलाकर और कोप से मुख कर लाल।
किसलिए भौंहें लहराती करती क्यों न सखा से बात।।
अपने सुहाग की खुद बैरन बन रही तू गरब में चूर।
अधिक खेंच में टूटन भारी मानिनि मान तू कर दे दूर।।

मेलजोल सदा भला—यह सोचकर कर्णीपुत्र भी वहाँ आ गया। उसे झुका हुआ समझकर वह फटकारती हुई बोली—

झगड़ा करके तू आया है या फिर उसने निकाला है।
अरे विनोद की गुड्डी हूँ ना, बुझा मन, नहीं उजाला है।
कड़वी ओषध पीने से क्या? जैसा आया शीघ्र सिधार।
मैंने जिसको अपनाया था, बना वही अब मेरा भार।।

कहता है—ऐसा है, तो फिर उसी उजड्ड को उलाहना देने जाता हूँ। बिल्कुल जा और उससे खुलकर साफ-साफ बात कर। तो हम चलें।

(घूमकर)

हाय राम! यह दूसरा साक्षात् रास्ते का रोड़ा आ गया! यह दन्दशूक का बेटा पाणिनि दत्तकलशि नाम का वैयाकरण सामने हाजिर है। अब इसके वाणी के जाले को निर्विघ्न पार करना है। घबराया सा लगता है। कहीं वाद-विवाद में रगड़ाया होगा। क्योंकि इसकी कलह की खुजली सी वाणी छूते ही मन्दिर के घंटे जैसी टनटनाने लगती है। यह भलामानस भी गणिकाप्रिय है। उसका नाम बताता है—नूपूरसेना की बेटी रशनावती। हाय, ऊँट के गले में पड़ी वीणा जैसी रशनावती पर मुझे बड़ा तरस आ रहा है। यह हाथ उठाकर मुझे ही कुछ कह रहा है। आप क्या कह रहे हैं?

''सुख से तो सोया न!''

क्या करूँ। ठीक है। तो करूँ इसका सत्कार। —स्वागत रे अक्षर के कोठार। मित्र दत्तकलशि तू घबरायया सा लग रहा है। खैर तो है न। क्या कहा आपने? मरे का मांस खाने वाले कातंत्री कौए मुझ पर टूट पड़े।

हाय! कौओं और उल्लुओं में ठन गई! मित्र खैर मना कि तेरा पक्ष नोचा नहीं गया!

क्या बोलता है—अरे इन हरामी कातंत्री वैयाकरणों की मेरे सामने क्या औकात? आपकी ऐसी तैसी। मैं तो चला!

क्या कहता है?—कहाँ प्रस्थान? ठहर तो! ऐसी क्या दौड़-धूप?

''हे राम! मेहरबानी करें! ऐसी डंडामार वाणी के वज्र से मुझे मत कूट। सीधी-सादी बोलचाल की भाषा बोल। ऊँट की बलबलाहट जैसी कानों में विष चुआने वाली वैयाकरणी कचकच के लायक हम नहीं हैं। क्या कहता है?''

''अनेक धातुओं से ढली शतघ्नी वज्र के समान तार्किक बैल भिड़न्त से उपजी इस गड़गड़ाती भाषा को अब ललना सी ललित कैसे बनाऊँ?''

''वास्तव में तू अनाथ है। क्योंकि—

अदालत और कहावत, गपशप में रख भान।
कुसुम-शेखर-कंटक सी, हो न कठोर जबान।।

तूने क्या कहा? जरूर वह पुंश्चली मेरी मीठी बोली से भी रूठ गई। कौन है छिनाल?

क्या कहता है? कौन कहे उसे प्रिया!

(सोचकर) अच्छा! समझा! रशनावती इसी लायक है। भला इससे बढ़कर तकलीफ की बात और क्या हो सकती है कि पेड़ों की झाड़ी में विचरने वाली कोयल स्वभाव से कटीले बिल्ले के पेड़ पर बैठ जाए। अरे यह कष्ट भी मजाक के लायक है। मजा तो लें—मित्र, दत्तकलशि, बड़ा अचरज हो रहा है कि आप जैसे मिठबोले सरल-सीधे आदमी से वह कामिनी कैसे छिटक गई? बड़ी चाह है मुझे सुनने की। यह सब जरा खोलकर साफ-साफ बता। क्या कहा?

''वह तो बिल्कुल पुंश्चली है। कल की बात है। पर्वकाल में वेश की बाहरी पठार में जब मैं हवन कर रहा था, वह आकर मुझ से लिपटती सी बैठ गई। तब मैंने उससे कहा—नीच मत छू मुछे, मैं होम कर रहा हूँ, जानती नहीं? हाय! यही तो बिगड़ी मुलाकात है। कामिनी को अपना बनाना भी सुकुमार काम है। ऐसा बर्ताव ही काम बिगाड़ता है। अरे अनाड़ी, प्रेमातुर कामिनी से तेरा ऐसा निर्मम व्यवहार करना ठीक नहीं। कठोर शब्दों से निष्ठुर व्याकरण की चिंगारियों वाली बातों से तू नारियों को भी चिढ़ा देता है। क्या तूने पहले कभी यह भी नहीं सुना?

मधुर मन आखर से जिसको कामिनी चाहती है एकान्त।
कर्णकटु चिंगारी छूता वीणा लुआठ से वह भ्रान्त।।

रशनावती बड़ा टेढ़ा काम साध रही है कि इससे मेलजोल रख लेती है।

उसके लिए तो यह पूरा शाप ही है। यार दत्तकलशि, कान का रसायन सुन लिया! तेरा भला हो। मैं तो चला!

(घूमकर)

अरे अब यह कौन बाहरी द्वार के पास देवताओं को उपहार दे रही है।

मुख पथराया थकी शोक से नयनों में ना काजल रेख।
केश सघन और लम्बे, नहीं परन्तु उनमें तेल की लेख।।

वसन मलिन शिथिल वलय मुद्रिका गिरती कुसुमांजलि के साथ।
तरुणी युवती दुबली तो है ही और हो गया दुबला गात।।

अरे यह तो भांडीरसेना की बेटी कुमुद्वती है। बेचारी पहचान में नहीं आ रही है। तो यह किसके लिए गणिका विरोधी विरह में पतिव्रताओं जैसा व्रत कर रही है। अरे याद आया। सुनते हैं, मौर्यकुमार चन्द्रोदय पर अनुराग है इसका। और वह भलमानस सामन्तों को दबाने के लिए सेना के साथ गया है। बिल्कुल ठीक है—चन्द्रोदय के बिना कुमुद्वती फीकी पड़ गई है। अरे इसने तो कुलवधुओं को भी मात दे दी। और तो और अब यह अपने घर की अटारी पर बिखरी बलि से ललचाए आए कौए का स्वागत-गीत से अभिनन्दन कर रही है—

तुझको दूँगी दही भात।
तू करेगा आज यदि मेरे मन की बात।
अरे अतिथि श्राद्ध का लेने को उपहार।
भवन वलभी गोख में शोभित अपरम्पार।
जीते जी मेरे कहो लौटेंगे प्रिय प्राण।
भद्र बताओ जो सदा करते हैं प्रयाण।

वे आवें यदि तो जा अपर तोरण द्वार।
प्रियतम से मिलकर ही उतरेगा मन भार।
हो तेरा कल्याण मान ले मेरी बात।
तुझको दूँगी दही भात।।

वाह कितना निश्च्छल है अनुराग! यह राजा का माल है, हँसी उड़ाने का नहीं है। इसे राजरानी के हाथों (वधू का) घूँघट मिले। हम यहाँ से अकेले चुपचाप चले जाएँ।

(विट का निर्गम)

।। श्रीशूद्रक-विरचित पद्मप्राभृतक भाण समाप्त ।।

मृच्छकटिक

द्वितीय अंक

चेटी : *(प्रवेश कर)* माता ने मुझे आर्या के पास सन्देश देने के लिए भेजा है। तो प्रवेश कर आर्या के पास जाती हूँ। *(घूमकर व देखकर)* यह आर्या हृदय से कुछ लिखती सोचती हुई बैठी है। तो पास में जाती हूँ।

(आसन पर बैठी वसन्तसेना और मदनिका का प्रवेश)

वसन्तसेना : अरी, फिर, तब।

चेटी : आर्या आप बोलती तो कुछ नहीं। क्या तब-तब करती हैं?

वसन्तसेना : क्या कहा मैंने?

चेटी : तब-तब।

वसन्तसेना : *(भौंह चलाते हुए)* हाँ, ऐसा?

प्रथम चेटी : *(पास जाकर)* आर्ये, माता आदेश देती है—स्नान करके देवताओं की पूजा निवेड़ दें।

वसन्त : अरी माता से कहना—आज स्नान नहीं करूँगी। ब्राह्मण ही पूजा कर दे।

चेटी : जैसा आपका आदेश।

(जाती है)

मदनिका : आर्या, स्नेह से पूछती हूँ, अवगुण देखने के लिए नहीं। ये क्या है?

वसन्तसेना : मदनिका तू मुझे कैसी देख रही है?

मदनिका : आपके सूने हृदय से लगता है कि आप हृदय से किसी को चाहती हैं।

वसन्त : ठीक समझा तूने। मदनिका तू दूसरे का मन ताड़ने में उस्ताद है।

मदनिका : मजा आ गया। इस महोत्सव में आज आपने किस पर कृपा की। बताइए आर्या, राजा की या राजवल्लभ की सेवा है?

वसन्त : अरी, रमना चाहती हूँ, सेवा नहीं।

मदनिका : किसी विशेष विद्या से अलंकृत किसी युवा ब्राह्मण की कामना है?

वसन्त : ब्राह्मण तो हमारा पूज्य होता है।

मदनिका : अनेक नगरों में जाकर वाणिज्य-विस्तार करते वणिक की कामना है क्या?

वसन्त : सखे। परम प्रेमियों को छोड़कर भी व्यापारी परदेस चले जाते हैं और वियोग का दुःख देते रहते हैं।

मदनिका : न राजा, न राजवल्लभ, न ब्राह्मण, न व्यापारी। फिर आप किसे चाहती हो?

वसन्त : तू मेरे साथ कामदेव के मन्दिर गई थी न।

मद. : हाँ गई थी।

वसन्त : तब भी ऐसे पूछ रही है जैसे कुछ जानती ही नहीं।

मद. : जान गई। क्या वही? आप जिसकी शरण में गई थीं।

वसन्त : क्या नाम है उनका?

मदनिक : वह तो सेठी चौराहे पर रहता है।

वसन्त : अरे नाम पूछा है।

मद. : आर्याजी उसका भला सा नाम है—आर्य चारुदत्त।

वसन्त : *(सहर्ष)*—वाह मदनिके वाह। बिल्कुल ठीक समझा तूने।

मद. : *(मन में)* ऐसा है। *(प्रकट)* पर आर्ये, सुनते हैं, वह तो दरिद्र है।

वसन्त : इसीलिए तो चाहती हूँ। निर्धन को दिल देने से वेश्या को लोग बुरा नहीं कहते।

मद. : पर आर्ये। बिन बौराए आम की सेवा भ्रमरियाँ करती हैं क्या?

वस. : इसीलिए तो उन्हें मधुकरी कहते हैं।

मद. : आर्ये दिल दे दिया तो जल्दी से जाकर मिलती क्यों नहीं?

वस. : सहसा मिलना बदले में उपकार होगा। फिर तो उससे मिलना भी मुश्किल होगा।

मद. : तो क्या इसलिए उसके पास अलंकार रखे?

वस. : ठीक समझा तूने।

(नेपथ्य में)—अरे स्वामी। दस स्वर्ण के लिए बन्द द्यूतकर भाग रहा है, भागा जा रहा है। पकड़ो उसे। ठहर-ठहर। दूर से ही तुझे देख लिया।

(बिना पर्दा हटाए प्रवेश कर घबराया सा संवाहक)

संवाहक : जुआड़ीपने में भी बड़ी मुश्किलें हैं।

नव बन्धन से छूटी गधी से जैसे
मारा गया मैं कौड़ी से।
कर्णराज ने छोड़ी शक्ति जो
मरा घटोत्कच उस शक्ति से।।

लिखने में लीन जुआ अध्याक्ष था
भाग चला सड़क पर आया किसी शरण में अब जाऊँ?
तो जब तक सभिक और द्यूतकर अन्यत्र मुझे खोजें तब तक इधर से उल्टे पैरों इस सूने मन्दिर में जाकर देव बन जाता हूँ।
(माथुर और द्यूतकर का प्रवेश)

माथुर : अरे मालिक लोगो, दस सुवर्ण सिक्कों के लिए रोका-बँधा यह जुआड़ी भाग गया, भाग रहा है। पकड़ो, पकड़ो। ठहर, ठहर। दूर से ही देख लिया है।

द्यूतकर : जा तू पाताल में, इन्द्र की शरण में जा।
एक सभिक को छोड़कर
कर नहीं सकते रूद्र भी रक्षा।

माथुर : सभिक को छलने वाले कहाँ-कहाँ भागेगा
भय से काँपते अंगों वाले
कदम-कदम पर ऊँचा-नीचा फिसल रहा है।
कुल के जस को काला करता।

द्यूत : *(पैर देखकर)*—यह जा रहा। आगे पैरों के चिन्ह नहीं हैं।

माथुर : *(देखकर-सोचकर)* अरे उल्टे पैर। बिन प्रतिमा का मन्दिर। (सोचकर) बदमाश जुआड़ी उल्टे पैरों से मन्दिर में गया है।

द्यूत : तो इन पैरों के पीछे चलें।

माथुर : चलो।
(दोनों मन्दिर में जाकर देखते हैं। देखकर दोनों इशारा करते हैं)

द्यूत : ये काठ की मूर्ति है क्या?

माथुर : अरे नहीं, नहीं, पत्थर की प्रतिमा है। *(अनेक तरह से हिलाते हैं।)*
अच्छा, आओ अपन जुआ खेलें।
(अनेक प्रकार से जुआ खेलते हैं)

संवाहक : *(जुआ खेलने की इच्छा को अनेक प्रकार से दबाते हुए स्वगत)*

> निर्धन जन का मन हरता पाँसे का शब्द।
> राज्य से हटे राजा का जैसे नौबत का शब्द।।
> मेरु पर्वत के शिखर से गिरने जैसा जुआ—नहीं खेलूँगा।
> पर कोयल सा मधूर खींचता मन कत्ता शब्द—नहीं खेलूँगा।।

द्यूत : मेरा दाव है, मेरा दाव है।

माथुर : नहीं रे, मेरा दाव है, मेरा।
संवाहक *(अचानक पास आकर)* नहीं मेरा दाव है।

द्यूत : मिल गया आदमी।

माथुर *(पकड़कर)* अरे माल हजम करने वाले। पकड़ा गया। दे वो दस स्वर्ण सिक्के।

संवाहक : आज दूँगा।

माथुर : अभी दे।

संवाहक : दूँगा, दया करो।

माथुर : अरे दे, अभी दे।

संवाहक : पैर पड़ता हूँ *(भूमि पर गिरता है)*।

(दोनों अनेक प्रकार से मारते हैं)

माथुर : अब तुझे जुआड़ियों की मण्डली ने बाँध लिया है।

संवाहक *(उठकर दुःख के साथ)* क्या जुआड़ियों की मण्डली ने मुझे घेर लिया। खेद है। हम जुआड़ियों का यह नियम कोई लाँघ नहीं सकता। तो कहाँ से दूँ?

माथुर : अरे वादा कर, चोरी कर, जेब काट, गाँठ बाँध।

संवाहक : ऐसा करता हूँ। *(द्यूतकर के पास जाकर)* आधा दूँगा, आधा छोड़ दो।

द्यूतकर : ऐसा कर।

संवाहक : *(सभिक के पास जाकर)* आधे का वादा करता हूँ, आधा आप छोड़ दो।

माथुर : बुरा क्या है? ऐसा ही सही।

संवाहक *(जोर से)* आर्य आधा तुमने छोड़ा।

माथुर : छोड़ा।

संवाहक *(द्यूतकर से)* आधा तूने भी छोड़ा।

द्यूत : छोड़ा।

संवाहक : अब जाता हूँ।

माथुर : दे वो दस स्वर्ण। कहाँ जाता है?

संवाहक : देखो महाशयो। हाय। अभी तो एक से आधे का वादा किया और दूसरे ने आधा छोड़ा। फिर भी मुझ गरीब को अभी से खोजने लगे।

माथुर : (पकड़कर) धूर्त। मैं चालाक माथुर हूँ। अभी मैं तुझसे धूर्तता नहीं कर रहा हूँ। अरे धनखाऊ, दे वह। पूरे पैसे दे।

संवाहक : कहाँ से दूँ?

माथुर : बाप को बेचकर दे।

संवाहक : कहाँ मेरा बाप?

माथुर : माँ को बेचकर दे।

संवाहक : कहाँ मेरी माता?

माथुर : खुद को बेचकर दे।

संवाहक : दया करो। मुझे राजपथ पर ले चलो।

माथुर : चल, सरक।

संवाहक : ऐसा ही सही। *(घूमता है)* आर्यो। इस सभिक के हाथों मुझे दस स्वर्ण सिक्कों में खरीद लें। *(आकाश में देखकर)* क्या कहते हैं? कि क्या करेगा। तुम्हारे घर का काम करने वाला हो जाऊँगा। क्या बिना उत्तर दिए ही चला गया। ठीक है, इस दूसरे को कहता हूँ। क्या यह भी बिना ध्यान दिए चला गया? हाय। आर्य चारुदत्त के दरिद्र हो जाने से मैं अभागा हो गया।

माथुर : अरे दे न।

संवाहक : कहाँ से दूँ *(गिरता है)*।

माथुर : *(खींचता है)*

संवाहक : बचाओ, बचाओ, आर्यो।

(दर्दुरक का प्रवेश)

दर्दुरक : जुआ तो आदमी का बिना सिंहासन का राज्य है। नहीं किसी का समझे अनादर,

प्रतिदिन लेते देते धन हम।
आय अधिक हो जैसे राजा।
धनी लोग भी करते सेवा।।

और—

धन पाया तो जुए से ही
नारी मित्र भी जुए से ही।
दिया और भोगा जुए से ही
नष्ट हुआ सब जुए से ही।।

और—

त्रेता ने सब हरण किया, पावर पतन से तन सूखा।
भागा पथ पर हारकर शपथ से पतित हूँ भूखा।।

(और देखकर) यह हमारा पहले का सभिक माथुर इधर ही आ रहा है। ठीक है भाग तो सकता नहीं। तो घूँघट से छिपा लेता हूँ। *(अनेक प्रकार का अभिनय करता है। उत्तरीय देखकर)*

इस पट में अब सूत नहीं हैं
छेद सैकड़ों इस पट में हैं।
यह पट तो ओड़ा नहीं जाता
घड़ी किया हुआ ही पट अच्छा।।

पर यह बेचारा क्या कर लेगा? जो–

एक पैर आकाश में दूसरा रख धरती पर।
लम्बा होकर बना रहूँ जब तक दिन भर भास्कर।।

माथुर : दे दे।
संवाहक : कहाँ से दूँ?
माथुर : *(खींचता है)*–
दर्दुरक : अरे ये सामने क्या हो रहा है? *(आकाश में)* अरे कौन बोल रहे हैं आप?– इस जुआड़ी के साथ सभिक बदमाशी कर रहा है। कोई छुड़ा नहीं रहा है। तो यह ददुरक छुड़ाएगा? *(पास में जाकर)* आने दो, जगह हो। *(देखकर)* क्या धूर्त माथुर। और यह बेचारा संवाहक।

सिर नीचा कर साँझ तक अचल खड़ा जो नहीं रहा।
ढेलों पर घसीट से जिसने पीठ पर घाव नहीं सहा।
कुत्ते जिसकी पिंडलियों को प्रतिदिन नहीं चबाते।
वे अति कोमल जन जुए में क्यों फिर फिर जाते।।

ठीक है, माथुर को समझाता हूँ। *(पास जाकर)*
अरे माथुर, नमस्कार।
माथुर : *(नमस्कार करता है)*
दर्दुरक : ये क्या है, क्या है ये?
माथुर : इससे दस सुवर्ण लेना है। दस सुवर्ण है इस पर।
दर्दु. : यह तो कलेवा है।
माथुर : *(दर्दुरक के काँख से घड़ी किया कपड़ा खींचकर)* देखो, देखो महाशयो, जर्जर कन्धा से लिपटा यह आदमी दस सुवर्ण को कलेवा बोलता है।
दर्दु. : अरे मूरख। वचन देता हूँ कि दस सुवर्ण दे दूँगा। तो क्या जिसके पास धन होता है वह खुले में दिखाता फिरता है। अरे!

दस स्वर्ण हेतु तू मर रहा है नीच।
पाँच इन्द्रिय का आदमी मार रहा तू नीच।।

माथुर : स्वामी, दस सुवर्ण तेरे लिए कलेवा होगा, मेरे लिए तो वही वैभव है।
दर्दु. : ऐसा है तो सुनो। इसे दूसरे दस सुवर्ण दे। यह जुआ खेले तुमसे।
माथुर : तो क्या होगा?
दर्दु. : जीत जाएगा तो दे देगा।

माथुर : नहीं जीता तो।

दर्दु. : तो नहीं देगा?

माथुर : फालतु बात नहीं करना। ऐसा कहता है तो तू ही दे दे। मेरा भी नाम माथुर धूर्त है। जुआ क्या झूठा ही खिलवाता हूँ? मैं किसी से नहीं डरता। बदमाश, तू तो चरित्रहीन है।

दर्दु. : अरे कौन चरित्रहीन?

माथुर : तू चरित्रहीन।

दर्दु. : तेरा बाप चरित्रहीन। *(संवाहक को भागने का इशारा करता है)*

माथुर : रंडी की औलाद। तूने इस तरह जुआ सीखा?

दर्दु. : हाँ मैंने इसी तरह जुआ सीखा?

माथुर : अरे संवाहक दे वो दस स्वर्ण।

संवाहक : आज दे दूँगा, तो दे दूँगा।

माथुर : *(घसीटता है)*—

दर्दु. : मूरख पीठ पीछे दुष्टता कर सकते हो, सामने बदमाशी नहीं कर सकते।

माथुर : संवाहक को खींचकर नाक पर घूसा मारता है। संवाहक बेहोश होकर भूमि पर गिरने का नाटक करता है। दर्दुरक आगे बढ़कर बीच-बचाव करता है। माथुर दर्दुरक को मारता है। दर्दुरक उसे मारता है।)

माथुर : अरे दुष्ट। छिनाल की औलाद। फल भी भोगेगा।

दर्दुरक : अरे मूर्ख। मुझे तूने रास्ते में ही मारा है, कल यदि राजसभा में मारेगा, तब देखना।

माथुर : देख लूँगा।

दर्दुरक : कैसे देख लेगा?

माथुर : *(आँख फाड़कर)* ऐसे देखूँगा।

(दर्दुरक संवाहक की आँखों में धूल डाल कर संवाहक को भागने का इशारा करता है। माथुर आँखें पकड़कर धरती पर गिरता है। संवाहक भी भाग जाता है।)

दर्दुरक : *(स्वगत)* प्रधान सभाध्यक्ष जुआड़ी माथुर का मैंने विरोध किया है, तो यहाँ ठहरना ठीक नहीं। मेरे प्रिय मित्र शर्विलक ने कहा है कि आर्यक नामक गोपाल पुत्र राजा होगा—ऐसा सिद्धों का आदेश है। हम जैसे सब लोग उसके पीछे चल रहे हैं। तो मैं भी उसके पास ही जाता हूँ।

(जाता है)

संवाहक *(डर से घूमकर/देखकर)* यह किसी का खुले दरवाजे का घर है। इसमें जाऊँ। *(प्रवेश कर वसन्तसेना को देखकर)* आर्या शरण में आया हूँ।

वसन्त : शरणागत निर्भय रहो। अरी पास का दरवाजा बन्द कर दे।

चेटी : *(बन्द करती है)*

वसन्त : डर किससे है?

संवा. : आर्याजी, धनिक से।

वसन्त : अरी अब वह पास का द्वार खोल दे।

संवाहक : *(मन में)* क्या धनिक के वजन पर इसका भय निर्भर था। यह ठीक ही कहा जाता है।

> जो अपना बल देखकर उठाता है जन भार।
> कठिन पथ में न फिसलता, नहीं विपदा से हार।।

यह बात मुझ पर लागू होती है।

माथुर *(आँखें पोंछकर द्यूतकर से)* अरे दे, दे।

द्यूत : स्वामी। जब हम दर्दुरक से झगड़ रहे थे तभी वह आदमी भाग गया।

माथुर : घूँसे से उस जुआड़ी की नाक टूट गई है। चल खून के रास्ते-रास्ते चलें।

द्यूत : *(पीछा करते हुए)*—स्वामी वह वसन्तसेना के घर में गया है।

माथुर : मिल गए पैसे।

द्यूत : जाकर सरकार को सूचित कर दें।

माथुर : यह धूर्त यहाँ से निकलकर कहीं और चला जाएगा। उसे रोककर अनुरोध से ही ले लें।

(वसन्तसेना मदनिका को इशारा करती है)

मदनिका : आप कौन हैं, कहाँ से आए हैं? किसके हैं? आपका काम-धन्धा क्या है? किससे डर है?

संवाहक : आर्या सुनें। मेरी जन्मभूमि पाटलिपुत्र है। मैं गृहस्थ पुत्र हूँ। मालिश जीविका है।

वसन्त : आपने बड़ी कोमल कला सीखी है।

संवाहक : कला समझकर सीखी थी। अब आजीविका बन गई।

चेटी : बड़ी दीनता से आपने उत्तर दिया। आगे बताओ।

संवा. : अपने घर आने जाने वालों के मुँह से सुनकर नए-नए अपूर्व देश देखने की इच्छा से यहाँ आ गया। यहाँ उज्जैन में प्रवेश कर एक आर्य की सेवा की जो अनोखा सुन्दर, प्रियदर्शन, प्रियवादी, मिठबोला, देकर कहता नहीं और दूसरे की बुराई याद नहीं रखता। अधिक कहने से क्या? उदारता के कारण स्वयं को भी पराया समझता है ओर शरणागत को प्रेम देता है।

चेटी : आर्या के मनोरथ चारुदत्त के सिवाय अब यह कौन उज्जयिनी को विभूषित कर रहा है?

वसन्तसेना : अरी वाह, साधु। मैंने भी मन में यही सोचा था।

चेटी : आर्य। फिर आगे।

संवाहक : आर्ये कृपा दान से वे अब...

वसन्त : क्या धन खतम हो गया।

संवाहक : बिन कहे आर्या ने कैसे जान लिया?

वसन्त : इसमें जानना क्या है? गुण और वैभव एक साथ नहीं रहते। उस तालाब में बहुत पानी होता है जिसका पानी पीने लायक न हो।

चेटी : आर्य क्या नाम है उनका?

संवाहक : पृथ्वी के उस चन्द्रमा का नाम कौन नहीं जानता? सेठी चौराहे पर रहता है। भला सा नाम है—आर्य चारुदत्त।

वसन्त : *(हर्ष सहित आसन से उतरकर)* आर्य का यह अपना घर है। अरी इसे आसन दे। पंखा लो, आर्य परिश्रम से परेशान हैं।

चेटी : *(वैसा करती है)*

संवा : *(स्वगत)*—क्या आर्य चारुदत्त का नाम लेने से ही मेरा इतना आदर। साधु, आर्य चारुदत्त, साधु। पृथ्वी पर तुम अकेले जीवित हो, बाकी लोग तो साँस ले रहे हैं। *(पैर पड़कर)* बस आर्ये बस। आप आसन पर बैठें।

वसन्त : *(आसन पर बैठकर)* आर्य वह धनिक कहाँ है जिसके तुम ऋणी हो।

संवाहक :

> चंचल धन किसके नहीं होता, धन तो केवल है सत्कार।
> जो जानता पूजन करना वही जानता पूजा का सामान।।

वसन्त : तब फिर।

संवा. : तब उन आर्य ने वेतन का नौकर रख लिया मुझे। उनके निर्धन होने पर मैं जुए से जीविका चलाने लगा। फिर दुर्भाग्य से जुए में दस सुवर्ण हार गया मैं।

माथुर : मैं बरबाद हो गया, लुट गया।

संवा. : ये दोनों मुझे खोज रहे हैं—सभिक और द्यूतकर। अब सुनकर आप फैसला करें।

वसन्त : मदनिका। पंछियों के बसेरे वाले पेड़ के हिल जाने पर पक्षी भी इधर-उधर भटकते रहते हैं। जा तो उन सभिक और द्यूतकर को यह हाथ का गहना देकर कहना कि इसे संवाहक ने ही आपके लिए दिया है। *(हाथ से कड़ा निकालकर चेटी को देती है)*
चेटी *(लेकर)* जो आज्ञा।
(जाती है)

माथुर : बरबाद हो गया, लुट गया।

चेटी : ये ऊपर देख रहे हैं, लम्बी-लम्बी साँस ले रहे हैं, बात करते हुए द्वार पर नजर गड़ाए हैं—इससे लगता है कि ये ही वे दोनों सभिक और द्यूतकर होने चाहिए। आर्य, नमस्कार।

माथुर : तुम सुखी रहो।

चेटी : आर्य आप में से सभिक कौन है?

माथुर :

कृशोदरि तुम कौन हो? मधुर अधर से पुकारती।
बोलती वचन मनोहर कटीले नयनों से निहारती।।

मेरे पास धन नहीं है। दूसरे के पास जा।

चेटी : ऐसी बात करते हो तो द्यूतकर नहीं हो। तुम्हारा कोई ऋणी है?

माथुर : है, दस स्वुर्ण का ऋणी है। उसका क्या?

चेटी : उसकी ओर से आर्या ने यह हाथ का गहना भेजा है। अरे नहीं, नहीं, उसने ही भेजा है।

माथुर : *(सहर्ष लेकर)* उस कुलपुत्र से कहना— तेरा वचन पूरा हो गया। आ फिर जुआ खेलें।

(दोनों जाते हैं)

चेटी : *(वसन्तसेना के पास जाकर)* आर्याजी, वे सभिक और द्यूतकर प्रसन्न होकर चले गए।

वसन्तसेना : तो जाएँ, आज स्वजन प्रसन्न हों।

संवाहक : आर्ये ऐसा है तो अपने लोगों की मालिश की यह मेरी हस्तकला भी देखें।

वसन्त : जिस *(चारुदत्त)* के कारण यह कला सीखी और सेवा की उसकी ही आप सेवा करें।

संवाहक : *(स्वगत)* आर्या ने होशियारी से मना कर दिया। अब उनके उपकार का प्रत्युपकार कैसे करूँ? *(प्रकट)* इस जुआड़ी के अपमान से मैं बौद्ध श्रमण हो जाऊँगा। इसलिए आप इन अक्षरों को याद रखें— संवाहक जुआड़ी शाक्य श्रमण बन गया।

वसन्त : आर्य। ऐसा उतावलापन न करें।

संवाहक : निश्चय कर लिया है आर्ये। *(घूमकर)*

जुए ने किया अपमानित सबके सामने।
अब मुँडाकर राजपथ पर करूँगा विहार।।

(नेपथ्य में कलकल)

संवाहक : *(सुनकर)* अरे यह क्या है? *(आकाश में)* क्या कहते हो? कि वसन्तसेना का खुंटमोडक नाम का दुष्ट हाथी परेशान कर रहा है। अहो, जाकर आर्या का गन्धगज देखता हूँ। या इससे मुझे क्या।

मैंने जो तय किया वही करूँ।
(जाता है)
(तब बिना पर्दा हटाए अत्यंन्त उज्ज्वल वेश में कर्णपूरक का प्रवेश)

कर्ण : कहाँ, कहाँ है आर्या।

चेटी : अरे दुर्जन, क्यों घबरा रहा है? क्या तुझे सामने आर्या नहीं दीख रही।

कर्ण : *(देखकर)* आर्या। वन्दे।

वसन्त : कर्णपूरक, संतुष्ट दिखाई दे रहे, क्या बात है?

कर्ण : *(आश्चर्य के साथ)* आर्याजी, आप चूक गईं कि आज कर्णपूरक का पराक्रम नहीं देखा।

वसन्त : कर्णपूरक, क्या, क्या?

कर्ण : आर्या सुनें। आर्या का जो दुष्ट हाथी खुंटमोडक है न, वह खूँटा तोड़कर महावत को मारकर बड़ा उत्पात मचाता हुआ राजमार्ग पर जा पहुँचा। तब तक लोग चिल्लाने लगे–

करो दूर बच्चों को जल्दी चढ़ जाओ वृक्षों महलों पर।
नहीं देखते सामने दुष्ट गज इधर ही आ रहा है।।
दोनों नूपुर लगे निकलने लगी टूटने मणिखचित करधनी।
रतनजाल जड़े कंगन सुन्दर सुन्दर लगे लूटने
भागी तब तो सभी जनी।।

तब उस दुष्ट हाथी ने सूँड, पैर और दाँतों से खिले कमलिनी से भरे तालाब के समान उज्जयिनी नगरी को मथते हुए परिव्राजक को पकड़ लिया।
उसके दण्ड-कमण्डल गिर गए, जल की बूँदों से उसे गीला कर दाँतों के बीच ले लिया– यह देखकर लोग फिर चिल्लाए– हाय, परिव्राजक मारा जा रहा।

वसन्त : *(हड़बड़ी में)* अहो प्रमाद, असावधानी, विनाश।

कर्ण : घबराएँ नहीं। आर्या सुनो तो। तब साँकलों को तोड़-ताड़ कर दाँतों के बीच पकड़े परिव्राजक को उठाए उसे देखकर मैंने, इस कर्णपूरक ने, नहीं-नहीं– आपके अन्न से पले दास ने बाएँ चरण के पास से जुआड़ी को पुकारते-पुकारते दुकान से लोहे का डंडा लेकर उस दुष्ट हाथी को ललकारा।

वसन्त : तब फिर।

कर्ण :
विन्ध्य शैल शिखर जैसे उस गज पर चढ़ा, कर क्रोध।
दाँतों के बीच पड़ा परिव्राजक छुड़वाया मैंने अवरोध।।

वसन्त : तूने बहुत अच्छा किया। तब फिर।

कर्ण : आर्याजी तब—धन्य रे कर्णपूरक धन्य—इतना ही कहती हुई पूरी उज्जयिनी नगरी एक तरफ ही ऐसी झुक गई थी मानो अधिक भार से नौका। तब आर्याजी उसने अपने सूने अलंकार स्थान को छूकर, ऊपर देखकर, दीर्घ निश्वास लेकर मेरे ऊपर यह उत्तरीय चादर फेंक दी।

वसन्त : कर्णपूरक, जरा देखो तो, जाती पुष्प से सुरभित है या नहीं।

कर्ण : आर्य, हाथी के मदगन्ध के कारण मैं इस गन्ध को ठीक-ठीक नहीं पहचान पा रहा हूँ।

वसन्त : तो नाम भी देख ले।

कर्ण : यह नाम है, आप ही बाँच लें। *(उत्तरीय देता है)*

वसन्त : आर्य चारुदत्त का। *(यह पढ़कर बड़े मन से लेकर ओढ़ती है)*

चेटी : कर्णपूरक आर्या पर यह उत्तरीय खूब फबता है।

कर्ण : हाँ, आर्या को प्रावारक अच्छा लगता है।

वसन्त : कर्णपूरक, यह तेरा पारितोषिक।

कर्ण : *(सिर झुकाकर लेकर और प्रणाम कर)* अब आप पर यह उत्तरीय अधिक शोभित हो रहा है।

वसन्त : कर्णपूरक, इस समय आर्य चारुदत्त कहाँ है?

कर्ण : इसी मार्ग से घर जाने को रवाना हुए।

वसन्त : ऊपर के अलिन्द में जाकर आर्य चारुदत्त को देखें। *(सबका निर्गम)*

द्यूतकर-संवाहक नामक द्वितीय अंक पूर्णशर्वि।

तृतीय अंक

(चेट का प्रवेश)

चेट : दयालु सेवक पर सज्जन स्वामी निर्धन भी शोभन
धन से गर्वित कुफल ही स्वामी देता दुर्जन।।
और भी—

खड़ी फसल के उजड्ड साँड को रोक न सकते
परनारी के लम्पट को रोक न सकते
जुए में लगे जन को रोक न सकते
स्वभाव से जो दोष हो उसे रोक न सकते।।

संगीत सुने गए आर्य चारुदत्त को बहुत देर हो गई है। आधी रात बीत रही है। अभी भी नहीं आए। तब तक बाहर पोल में जाकर सोता हूँ। (सोता है)

(चारुदत्त और विदूषक का प्रवेश)

चारु : वाह, वाह साधु, साधु, रेभिल ने सुन्दर गाया। वीणा तो समुद्र के बिना निकला रत्न है। क्योंकि

विरही उत्कण्ठित की मनचाहा मित्र
संकेत पर प्रतीक्षा का परम विनोद है।
विरहातुर को धैर्य दिलाती प्रियतमा यह
अनुरागी का राग बढ़ाता यह प्रमोद है।।

विदू. : अरे आओ, घर चलें।

चारु : वाह, रेभिल जी ने बढ़िया गाया।

विदू. : मुझे तो दोनों से हँसी आती है। स्त्री संस्कृत पढ़ती है तो और आदमी काकली गाता है तो भी। स्त्री संस्कृत पढ़ती है तो नई नाथ डाली गाय के समान कुछ अधिक ही सूँ-सूँ करती है। पुरुष काकली गाता हुआ सूखे फूलों की माला पहने बूढ़े पुरोहित के समान मंत्र जपता सा मुझे बिल्कुल अच्छा नहीं लगता।

चारु : मित्र आज तो रेभिलजी ने सचमुच बहुत अच्छा गाया। और आपको भाया नहीं।
राग भरा मधुर सम स्फुट भावभरा ललित मनोहर।
या मेरी कितनी ही प्रशंसा से क्या?
मानो छिपकर कोई वनिता गाती हो।
और--

कैसा गाया गीत मनोहर।
तब था गाया गीत अभी भी सुनता जाता वे स्वर।
स्वर का वह संचार कोमल आलाप ताल ग्राम का मिलन।
मूर्छना में वर्णों का तार फिर कोमल अन्त में स्वन।
सरलता से संयम फिर राग से दो-दो बार ललित उच्चारण।
सच है समय तो बीता है सुनता जाता वही फिर-फिर।।

विदूषक : अरे मित्र, बाजार की गलियों के कुत्ते भी सुख से सो गए। तो घर चलें। *(आगे देखकर)* मित्र देखो, अन्धकार को स्थान देते अन्तरिक्ष के महल से उतर रहे हैं ये भगवान् चन्द्रमा।

चारु : अपने ठीक कहा—

देकर तिमिर को अवकाश।
कोने को ऊँचा कर इन्दु अस्त हो रहा छोड़ आकाश।
जल में डूबे वनगज के तीखे दन्तांग्र का ज्यों होता भास।

विदू. : अरे, यह हमारा घर। वर्धमानक, वर्धमानक। खोल दे द्वार।

चेट : आर्य मैत्रेय की आवाज सुनाई दे रही है। आर्य चारुदत्त आ गए। तो दरवाजा खोलूँ। *(वैसा करके)* आर्य प्रणाम। मैत्रेय तुमको भी नमस्कार। इस बिछे आसन पर आप दोनों बैठ जाएँ।
(दोनों अभिनय सहित प्रवेश कर बैठते हैं)

विदू. : वर्धमानक पैर धोने के लिए रदनिका को बुलाओ।

चारु : *(दया सहित)* सोए को मत जगाओ।

चेट : आर्य मैत्रेय, मैं पानी पकड़ता हूँ, तुम धोओ।

विदू. : *(क्रोध सहित)* मित्र यह दासी का बेटा हरामी पानी पकड़ता है और मुझ ब्राह्मण से पैर धुलवाता है।

चारु : मित्र मैत्रेय, तू पानी पकड़, वर्धमानक पैर धोए।

चेट : आर्य मैत्रेय, पानी डालो।
(विदूषक पानी डालता है और चेट पैर धोकर हटता है।)

चारु : ब्राह्मण को पैरों का पानी दो।

विदू. : पैर धोने के जल से मुझे क्या? पिटे गधे के समान मुझे फिर धरती पर ही लोटना है।

चेट : आर्या मैत्रेय, तू तो ब्राह्मण है न।

विदू. : जैसे सब साँपों में डेंडू, वैसे सब ब्राह्मणें में ब्राह्मणों मैं।

चेट : आर्य मैत्रेय फिर भी धोऊँगा। *(वैसा करके)* आर्य मैत्रेय, यह स्वर्ण की भाँड़ी, दिन में मेरी, रात में तेरी। पकड़।
(देकर जाता है)

विदू. : *(लेकर)* अभी तक है यह। क्या इस उज्जयिनी में एक भी चोर नहीं है जो इस हरामी निद्राचोर का हरण नहीं कर रहा है। अरे मित्र, इसे भीतर की चौसाल में रख आता हूँ।

चारु. : गणिका के तन के आभूषण ये मत रखो चौसाल।
अपने पास ही रख ब्राह्मण जब तक नहीं लौटा डाल।।
(निद्रा का अभिनय)

विदू. : आपको क्या नींद आ रही है।

चारु. : और क्या?
यह निद्रा नयनों पर ठहरी मेरे ललाट से उतर रही।
बुढ़ापे सी दिखती नहीं चंचल जनशक्ति को हरकर बढ़ रही।।

विदू : तो सोएँ। *(सोने का अभिनय)*
(शर्विलक का प्रवेश)

शर्वि. :
शिक्षा बल और शक्ति से मुझे करनी है सेंध।
तन बड़े का प्रवेश हो सके ऐसा करना भेद।।
भुजबल से मैं सरकूँ केंचुली छोड़े ज्यों साँप।
(आकाश की ओर देखकर)
क्या भगवान् चन्द्रमा अस्त हो रहे हैं। तब तो—

राजपुरुष जिस पर शंकित हों, पर घर दूषक वीर।
सघन तम से जग ढकता यह माता सी ढकती रात।।

पेड़ों की बगीची की ओर सेंध करके मैं बीच में आया। तो अब मैं चौसाल को भी बिगाड़ूँ।

कहते लोग बुरी भले ही सोने पर यह होती है।
विश्वासी को ठगना, अपमान, नहीं वीरता होती है।
निन्दा लायक स्वाधीना वर हाथ न जोड़े जाते हैं।
सोए पांडव का वध पथ द्रोणपुत्र कृत पुराहन पाते हैं।।

तो कहाँ सेंध लगाऊँ?

पानी से ढीला गीला शब्द न हो ऐसा स्थान।
नहीं दिखूँ मैं पर भींतों में बने सेंध विशाल।।
खारेपन से पतले ढेले कहाँ पुराना महल जहाँ।
नारी का दर्शन ना होवे अर्थसिद्धि समझो वहाँ।।

(भींत छूकर) रोज ही सूर्य दर्शन और जल देने से यह जगह खराब हो गई, खार से कमजोर हो गई और चूहों ने मिट्टी ढेर कर दिया है। वाह यह काम तो हो गया। कार्तिकेय के बेटे हम चोरों यह पहला सिद्धि लक्षण है। अब काम के आरम्भ में कैसी सेंध बनाऊँ। भगवान् कनकशक्ति स्कन्द ने सेंध का उपाय चार प्रकार का बताया है। वे हैं–पकी ईंटें खींचना, अधपकी को तोड़ना, ढेले वाली को खींचना, लकड़ीवाली को काटना। तो यहाँ पकी ईंटें सींचनी है। यहाँ–

खिले कमल सूर्य बालचन्द्र वापी सा चौकोर।
स्वस्तिक या पूर्ण कुम्भ सा हो सन्धि जो भोर।
अपनी कला कहाँ बताऊँ चकित देखकर हों कल पौर।।

पक्की ईंट के भवन में पूर्ण कुम्भ ही सुहाता है। वही बनाता हूँ।

फोड़ी रात में भित्ति मैंने।
ऊँची-नीची खार-क्षीण में लगे कल्पना।
पड़ोसी प्रभात में दें दोष प्रशंसित हो कला।

वरदाता कुमार कार्तिकेय को नमस्कार। कनकशक्ति, ब्रह्मण्यदेव, देवव्रत को नमस्कार। योगाचार्य को नमस्कार जिनका मैं पहला शिष्य हूँ और जिन्होंने प्रसन्न होकर मुझे योगरोचना–मायाप्रयोग से सिद्ध गोरोचना दी।
लगाऊँ इसे तो न दिखूँ मैं पुलिस को।
घात हो तो घाव हो न कभी भी देह को। *(वैसा करता है)* हे भगवान्, मैं मापने को सूत्र भूल आया। *(सोचकर)* हाँ, यह जनोई मापने का सूत्र बन जाएगा। जनोई तो ब्राह्मणें के बड़े काम की चीज है। विशेषकर हम जैसे लोगों की। क्योंकि–

इससे मापें सेंध भींत में इससे छुड़ाते फँसे गहने।
खुले कपाट का लगा भागरा कीड़े-साँप कटे का बन्धन।।

माप कर सेंध लगाऊँ। *(वैसा कर देखता)* सेंध में एक ढेला बाकी है। हाय राम, साँप ने काट लिया। *(जनोई से अंगुली बाँधकर जहर*

चढ़ने का अभिनय करता है। इलाज करके) अब स्वस्थ हूँ। *(फिर से सेंध करके देख करके)* अरे दीपक जल रहा है। यथा—

सोने सी पीली दीपशिखा, निकली सेंध से धरती पर।
तम से घिरी सब ओर सुहाती सोने की रेखा कसौटी पर।।

(फिर से सेंध फोड़कर) सेंध पूरी हुई। अच्छा, घुसता हूँ। या मैं नहीं, मुखौटा भीतर करूँ *(वैसा करता है)* अरे, कोई नहीं। नमस्कार कार्तिकेय-जी। *(घुसकर देखकर)* अरे दो लोग सोए हैं। पहले आत्मरक्षा के लिए द्वार खोल देता हूँ। क्या घर के पुराने किवाड़ आवाज करेंगे। तो फिर पानी देखता हूँ। कहाँ होगा पानी। *(इधर- उधर देखकर पानी लेकर फेंकते हुए शंका से)* धरती पर गिरकर आवाज न करे। *(पीछे की ओर देखकर किवाड़ खोलकर)* अच्छा, तो अब इस प्रकार परीक्षा करूँ। सोने का ढोंग तो नहीं है? या दोनों सचमुच सोए हैं? *(हिला-डुलाकर परीक्षा कर)* वास्तव में सोए लगते हैं। क्योंकि—

सम लम्बी बिन संशय की इनकी श्वास।
भिड़े हुए निश्चल नयन भीतर से हैं खास।
ढीला तन शिथिल जोड़ शय्या से अधिक फैले।
सामने दीपक ना सहते सोते छल से यदि छेले।।

(चारों ओर देखकर) अरे क्या मृदंग, यह दर्दुर, यह पणव, यह वीणा भी, ये बंसियाँ, ये पुस्तकें। क्या यह नाट्याचार्य का घर है? या घर के विश्वास से मैंने प्रवेश किया है? तो क्या यह सचमुच दरिद्र है। कि राजभय या चोरभय से द्रव्य भूमि में रख दिया। तो मेरे जैसे शर्विलक के सामने भी भूमिगत द्रव्य? ठीक है, बीज फेंकता हूँ। *(वैसा करके)* फेंका बीज कहीं भी नहीं चमका। अरे यह तो सच्ची का दलिद्दर है। तो जाता हूँ।

विदू. : *(सपने में बड़बड़ाता है)* अरे मित्र, सेंध सा दिखता है। चोर सा दिखता है। यह स्वर्ण का भांडा आप सम्हालो।

शर्वि. : मुझे भीतर आया जानकर 'मैं दरिद्र हूँ' ऐसी मेरी हँसी कर रहा है? तो क्या मार डालूँ? या सपने में बोल रहा है। *(देखकर)* अरे जर्जर स्नान की धोती में बँधी, दीपक में चमकती सच ही गहनों की पोटली है। ठीक है, लेता हूँ। या फिर हमारे जैसे हाल के कुलीन व्यक्ति को पीड़ा देना ठीक नहीं। तो जाता हूँ।

विदू. : मित्र। गो, ब्राह्मण, कन्या की सौगन्ध। यदि यह सोने की पोटली न ले तो।

शर्वि. : गाय और ब्राह्मण की सौगन्ध नहीं लाँघनी चाहिए। तो लेता हूँ। पर दीपक जल रहा है। दीपक बुझाने का हमारे पास अग्नि कीट भी है। उसे भेजूँ। उसका यह स्थान और समय है। मेरा छोड़ा यह कीट उस दीपक पर अनोखे तरीके से मँडराने लगा। इस भद्रपीठ ने पंखों से दीपक बुझा दिया। हाय कर दिया अँधेरा। या मैंने भी अपने ब्राह्मण कुल में अन्धकार नहीं कर दिया? मैं चारों वेदों का ज्ञाता चतुर्वेदी, दान न लेने वाले ब्राह्मण का बेटा, गणिका मदनिका के लिए अकाज कर रहा हूँ। अब ब्राह्मण पर कृपा करता हूँ। *(आभूषण लेना चाहता है)*

विदू. : मित्र तेरी अंगुलियाँ ठंडी हैं।

शर्वि. : अरे असावधानी मेरी। पानी लगने से मेरी अंगुलियाँ ठंडी हो गईं। अच्छा काँखों में हाथ डालता हूँ। *(बायाँ हाथ गरम करके लेता है)*

विदू. : ले लिया?

शर्विलक : ब्राह्मण का प्रेम कैसे टालें।

विदू. : अब माल बेचे बनिए के समान सुख से सोऊँगा।

शवि. : महाब्राह्मण, सौ साल तक सोता रह। हाय, इस तरह तो मदनिका वेश्या के लिए मैंने ब्राह्मण कुल को अँधेरे में डाल दिया।

पुरुषार्थ नहीं दिखा सके वह दरिद्रता बेकार।
कि ऐसा बुरा कर्म करता, निन्दा भी करता।।

तो मदनिका को मुक्त कराने वसन्तसेना के घर जाता हूँ।
(घूमकर और देखकर)
अरे, पैरों की आवाज जैसा? कोई राजरक्षक तो नहीं। अच्छा स्तम्भ बनकर रुक जाता हूँ। या मुझ शर्विलक को रक्षक का भय? जो मैं—
चुपचाप भागने में बिल्ला, तेज भागने में हिरण,
पकड़ नोचने में बाज/सोए अनसोए जाँचने में कुत्ता,
सरकने में साँप, रूप-शरीर-वेश रचना में माया, देश-देश की भाषा
परिवर्तन में वाणी, रात में दीपक
संकट मे सियार, धरती पर अश्व, नौका जल में।
और भी— गति में सर्प, स्थिरता में पर्वत
शीघ्रगमन में गरुड़ समान। जगत को देख लेने में शश हूँ
पकड़ में भेड़िया, बल में सिंह समान।

रदनिका : *(प्रवेश कर)* हाय, हाय बाहर दरवाजे की पोल में वर्धमानक सोया था, वह भी नहीं दिखाई दे रहा है। अच्छा, आर्य मैत्रेय को आवाज देती हूँ। *(घूमती है)*

शर्वि. : *(रदनिका को मारना चाहता है। देखकर)* क्या स्त्री? फिर तो जाता हूँ। *(जाता है)*

रद. : *(जाकर कष्ट सहित)* हाय, हाय। हमारे घर में सेंध लगाकर चोर भाग गया। आर्य मैत्रेय, उठो, उठो। हमारे घर में सेंध लगाकर चोर भाग गया।

विदू. : अरे दासी की बेटी। क्या कह रही है—चोर लगाकर सेंध निकल गई।

रद. : हताश, मजाक मत करो। क्या ये नहीं देखते हो?

विदू. : अरी दासी की बेटी, क्या कह रही है? कि दूसरा सा दरवाजा खोल दिया? अरे मित्र चारुदत्त, उठो, उठो। हमारे घर में सेंध लगाकर चोर भाग गया।

चारु. : अच्छा जी, मजाक मत करो।

विदू. : अरे हँसी नहीं है। आप ही देख लो।

चारु. : किस जगह।

विदू. : अरे यह।

चारु. : *(देखकर)* अरे यह सेंध तो देखने लायक है।

ईंटें ऊपर से गिरा दीं इसकी
सिर पर पतला, मध्य में चौड़ा।
अयोग्य जन-प्रवेश से डरते
महासदन का हृदय ज्यों फूटा।।

इस सेंध के काम में भी कुशलता?

विदू. : मित्र, यह सेंध दो ही दे सकते हैं। या तो कोई बाहरी अथवा किसी सीखने वाला। वरना इस उज्जयिनी में हमारे घर के वैभव को कौन नहीं जानता?

चारु. :

विदेशी ने या सिक्खड़ ने मेरे घर में कर दी सेंध
निर्धन बेफिकर सोए हैं यह भी वे ना सके देख।
बड़ा मकान देखकर अपना बड़ी की थी आशा
सेंध के श्रम से दुखी गए वे पाई निराशा।।

बेचारा अपने मित्रों से क्या कहेगा—सार्थवाह के बेटे के घर से मुझे कुछ भी न मिला।

विदू. : अरे क्या उस नीच चोर की चिन्ता करते रहोगे? उसने सोचा—बड़ा घर है यह, इधर से रत्नों का ढेर, उधर से सोने का ढेर निकाल लूँगा। *(याद कर दुःख सहित मन में)* कहाँ है वह स्वर्ण समूह। *(फिर याद करके, प्रकट)* अरे मित्र, तुम सदा कहते रहते हो—

''मूर्ख है मैत्रेय, अज्ञानी है मैत्रेय।'' मैंने अच्छा किया कि वे स्वर्णाभूषण आपके हाथ में सौंप दिए। वरना वह दासी का लौंडा ले जाता।

चारु. : मजाक मत कर।

विदू. : अरे मैं मूरख हूँ तो क्या हँसी-मजाक का स्थान और समय भी नहीं जानता क्या?

चारु. : किस समय, कब?

विदू. : अरे जब मैंने तुमसे कहा था कि आपकी अंगुलियाँ ठण्डी हैं।

चारु : क्या ऐसा भी हुआ है? *(सब ओर देखकर हर्षसहित)* मित्र भाग्य से खुशी की बात बताता हूँ।

विदू. : क्या नहीं चुराया?

चारु. : चुरा लिया।

विदू. : तब क्या खुशी है?

चारु. : कि वह धन सहित गया।

विदू. : अरे वह धरोहर थी।

चारु. : क्या धरोहर? *(मूर्छित होता है)*

विदू. : धीरज धरें आप। यदि धरोहर को चोर ले गए तो तुम क्यों मूर्छित होते हो?

चारु. : *(साँस लेकर)* मित्र—

कौन पतीजेगा सच को सब देंगे मुझको ही तूल।
गरीबी शंका करवाती निस्तेज की जग माने भूल।।

बड़ा कष्ट है—

यदि भाग्य ने मेरा किया दूर ही अर्थ।
उस निष्ठुर ने चरित्र भी दूषित किया फिर व्यर्थ।।

विदू. : मैं बकूँगा, किसने दिया, किसने लिया, कौन गवाह।

चारु. : अब मैं झूठ भी बोलूँगा?

भिक्षा से अर्जित कर लौटा दूँगा न्यास।
नहीं झूठ मैं बोलूँगा होता चरित का ह्रास।।

रद. : तब तक आर्या धूता को जाकर कहती हूँ। *(जाती है)*
(चेटी सहित चारुदत्त की वधू का प्रवेश)

वधू : *(आकुलता से)* अरी सच ही आर्य मैत्रेय के साथ आर्यपुत्र के शरीर को चोट नहीं आई?

चेटी : सच स्वामिनी। पर वह जो वेश्या के गहने थे न, वे चोरी गए।

वधू : *(मूर्छा का अभिनय करती है)*

चेटी : धीरज रखो आर्या धूता।

वधू : *(साँस लेकर)* अरी क्या कहती है? आर्यपुत्र के शरीर को तो कुछ नहीं हुआ? शरीर को चोट लगना अच्छा, चरित को नहीं। अब उज्जयिनी में लोग बातचीत करेंगे। ''आर्यपुत्र ने दरिद्रता के कारण ऐसा बुरा काम किया।'' *(ऊपर देखकर निश्वास लेकर)* हे भाग्य देवता। कमल पत्र पर गिरे जलबिन्दु के समान चंचल दरिद्र आदमी के भाग्य से खेलता रहता है? मेरे मायके से मिली यह एक रत्नावली बची है। इसे भी अत्यन्त उदारता के कारण आर्यपुत्र नहीं लेंगे। अरी आर्य मैत्रेय को तो बुला।

चेटी : जैसा आर्या धूता का आदेश। *(विदूषक के पास जाकर)* आर्य मैत्रेय, तुम्हें धूता बुला रही है।

विदू. : कहाँ है वह?

चेटी : ये रही, पास में जाओ। *(विदूषक पास जाकर)* आपका कल्याण हो।

वधू : आर्य, प्रणाम। आर्य सामने मुँह करो।

विदू. : हाँ जी, आपके सामने हो गया।

वधू : आर्य, यह लो।

विदू. : यह क्या है?

वधू : मैंने रत्नषष्ठी का उपवास किया था। उसमें अपने वैभव के अनुसार दान ब्राह्मण को दिया जाता है। मैंने नहीं दिया था। उस निमित्त यह रत्नावली लो।

विदू. : *(लेकर)* कल्याण हो। जाता हूँ। प्रियमित्र को बताता हूँ।

वधू : आर्य मैत्रेय, मुझे लज्जित मत करो।

विदू. : *(आश्चर्य से)* वाह, महती उदारता इनकी।

चारु. : अरे, मैत्रेय देर कर रहा है। दुख से ऐसा-वैसा नहीं कर ले। मैत्रेय ...

विदूषक : *(पास जाकर)* यह आया। लो यह। *(रत्नावली दिखाता है)*

चारु : यह क्या?

विदू. : अरे अपने योग्य पत्नी पाने का फल।

चारु. : क्या ब्राह्मणी मुझ पर दया कर रही है। हाय, अब मैं दरिद्र हो गया।

निज भाग्य का नष्ट धन हुआ, स्त्रीधन से फिर दया मिली।
अर्थ से पुरुष नारी है और अर्थ से नारी पुरुष भली।।

अथवा मैं दरिद्र नहीं जिसकी नारी—

वैभव पीछे चलती पत्नी सुख-दुख संगी आप सखा।
और सत्य भी नहीं छूटा, दरिद्रों में दुर्लभ सभी चखा।।

मैत्रेय! रत्नावली लेकर वसन्तसेना के पास जाओ और मेरी ओर से उसे कहना– वे सोने के अलंकार अपना समझ कर भरोसे-भरोसे जुए में हार गए, उसके बदले यह रत्नावली ले लो।

विदू. : अरे नहीं। न खाया, न भोगा, थोड़े से मूल्य का चोर ले उड़े। उसके लिए चारों समुद्रों का सार यह रत्नावली दे रहे हो?

चारुदत्त : मित्र, ऐसा नहीं, नहीं–

हमें धरोहर दी हम पर, करके तब विश्वास।
महामूल्य देते उसका हम पर जो विश्वास।।

तो मित्र, हमारे शरीर के स्पर्श द्वारा तुम्हें सौगन्ध है कि इसे बिना दिए यहाँ मत लौटना। वर्धमानक–

इन ईंटों से शीघ्र सेंध को दृढ़ फिर भर दो।
जन निन्दा के बहुत दोष दूर तुम कर दो।।

मित्र मैत्रेय आप बेधड़क उदारतापूर्वक सब कह देना।

विदूषक : अरे दरिद्र भी कभी निडर बोलता है?

चारु : सखे मैं दरिद्र नहीं हूँ अब। तो आप जाओ। मैं भी पवित्र होकर सन्ध्योपासना कर लूँ।

(निर्गम)

सन्धि छेद नामक तृतीय अंक पूर्ण।

श्रीशूद्रकविरचितं

पद्मप्राभृतकम्

(नान्द्यान्ते प्रविशति सूत्रधार :)

सूत्रधार–

जयति भगवान् स रुद्रः।
कोपादथवाऽप्यनुग्रहाद् येन।
स्त्रीणां विलासमूर्तिः।
कान्ततरवपुः कृतः कामः।।

अपि च–

पुष्पसमुज्ज्वलाः कुरवका नदति परभृतः
कान्तमशोकपुष्पसहितं चलति किसलयम्।
चूतसुगन्धयश्च पवना भ्रमररुतवहाः
सम्प्रति काननेषु सधनुर्विचरति मदनः।।

किञ्चान्यत्–

आतोद्यं पक्षिसंघास्तरुरसमुदिताः कोकिला गान्ति गीतं
वाताचार्योपदेशादमिभनयति लता काननान्तः पुरस्त्री।
तां वृक्षाः साधयन्ति स्वकुसुमहषिताः पल्लवाग्रांगुलीभिः
श्रीमान् प्राप्तो वसन्तस्त्वरितमपगतो हारगौरस्तुषारः।।
मूलादपि मध्यादपि विटपादप्यंकुरादशोकस्य।
पिशुनस्थमिव रहस्यं समन्ततो निष्कसति पुष्पम्।।

अहो अयं–

ससम्भ्रपरभृमतरुतः ससिन्धुवारः समुन्दसहकारः।
समदमदनः सपवनः सयौवनजनप्रियः कालः।।

(निष्क्रान्तः)

(स्थापना)

(ततः प्रविशति विटः)

साधु भोः। रमणीयं खलु तावदिदं शिशिरजराजर्जरस्य संवत्सरविटस्य हिमरसायनोपयोगात् वसन्तकैशोरकमुपोह्यते। सम्प्रति हि–

प्रचलकिसलयाग्रप्रनृत्तद्रुमं यौवनस्थायते फुल्लवल्लीपिनद्धं वनम्
तिलकशिरसि केशपाशायते कोकिलः कुन्दपुष्पे स्थितः स्त्रीकटाक्षस्यते षट्पदः।
क्वचिदचिरविरुढबालस्तनी कन्यकेवोद्गतैः श्यामलैः कुड्मलैः पद्मिनी शोभते
वरयुवतिरतिश्रमस्विन्नपीनस्तनस्पर्शधूर्तायिता वान्ति वासन्तिका वायवः।।

इत्थं च मदनशरसन्तापकर्कशो बलवानयमृतुः यद्देवदत्तासुरतसुप्रतिविहितयौवनोत्सवस्य कर्णपुत्रस्योन्मुच्यमानबालभावयौवनावतारकोमलां मदनमञ्जरिकां देवसेनाचूतयष्टिमतिलङ्घते मदनभ्रमरः। अथवा किमिव कर्णीपुत्रस्यातिक्रमिष्यति। समधुसर्पिष्कं हि परमन्नं सोपदंशमास्वाद्यतरं भवति, अतः शङ्के देवदत्तासुरतमधुपानोपदंशभूतं चण्डालिकाश्रयं बालभावनिरुपस्कृतोपचारहसितललितरमणीयं दारिकासुन्दरीरतिरसान्तरमपि प्रार्थयत इति।

अहो नु खल्वयं लघुरूपोऽपि बलवान् मदनव्याधिः येनानेकशाखाधिगतनिष्पन्दबुद्धिः सर्वकलाज्ञानविचक्षणो व्युत्पन्नयुवतिकामतंत्रसूत्रधारः कर्णीपुत्रोऽपि नामैतामवस्थामुपनीतः। स हि–

उन्निद्राधिकतान्तताम्रनयनः प्रत्यूषचन्द्राननो
ध्यानग्लानतनुर्विजृम्भणपरः सन्तप्तसर्वेन्द्रियः।
रम्यैश्चन्द्रवसन्तमाल्यरचनागान्धर्वगन्धादिभि-
र्यैरिव प्रमुखागतैः स रमते तैरेव सन्तप्यन्ते।।

अथवा देवसेनामुद्दिश्य नैतदाश्चर्यम्। कुतः। श्लाघ्यमन्मथमनोरथक्षेत्रं हि सा दारिका। अर्हत्यस्या रूपयौवनलावण्यं कर्णीपुत्रस्योन्मादं जनयितुम्। तस्या हि–

विभ्रान्तेक्षणमक्षतोष्ठरुचकं प्राचीनगण्डं मुखं
प्रत्यग्रोत्पतितस्तनांकुरमुरो बाहूलता कोमलौ।
आव्यक्तोत्थितरोमरेखमुदरं श्रोणी कुतोऽप्यागता
भावश्चानिभृतस्वभावमधुरः कं नाम नोन्मादयेत्।।

(परिक्रम्य)

स इदानीं देवसेनासमुत्थं मदनामयमतिव्यायामकृततज्ज्वरमुद्दिश्य हारताल-वृन्तचन्दनोपनीयमानदाहप्रतीकारः तत्समागमाशाकृतप्राणाधरणं शयनपरायणाः कथञ्चिद् वर्तते। अद्य तु प्रागहरेव पुष्पाञ्जलिको नाम देवदत्तायाः परिचारकः सोपचार-मुपगम्य कर्णीपुत्रमुक्तवान्—

आर्यपुत्र, विज्ञापत्यज्जुका देवदत्ता 'न खलु मे ह्यस्तनेऽहन्यनागमनाद् बहुमान-मध्यस्थतामुपगन्तुमर्हत्यार्यपुत्रः। इयं हि मे भगिनिका चण्डालिका किमपि अस्वस्थरूपा तदनुकम्पया पर्युष्तिाऽस्मि। इयं तु साम्प्रतमागच्छामीति। ततस्तदुक्तदत्त-प्रतिवचनः प्रतिप्रस्थाप्य पुष्पाञ्जलिकं कर्णपुत्रः सोपग्रहमिव मामुक्तवान् 'सखे शश, त्वयाऽपि नाम श्रुतं 'साम्प्रतमिहागच्छामि' इति। तदेष इदानीमवसरः सुखप्रश्नागमने विविक्तविस्रम्भां देवसेनामवगाह्य सन्तापकारणमस्याः परिज्ञातुम्। तदेषोऽञ्जलिः। सर्वोपायैरर्हति देवानां-प्रियोऽस्माकं देवसेनासमुत्थं हृदयगतमापुंखनिखातं मदनशरशल्यं समुद्धर्तुम्' इति। ततः सस्मितानुयात्रमुक्तो मया 'भवतु धूर्ताचार्य, किमिति त्वयादिवा दीपप्रज्वालनं क्रियते। किनभिज्ञोऽहं युवयोरन्योन्यमनोरथमूकदूतकानां नयनसङ्गतकानाम्। अपि च, स एवास्मि मूलदेवसखः शशोऽहम् नैनामप्रतार्यागमिष्यामि' इत्युक्त्वा प्रस्थितोऽस्मि। तत् किं नु राजमार्गे सुहृत्प्रश्नसङ्कथाभिः कालं क्षपयता तथागन्तव्यम् यथा देवदत्ताविरहितां चण्डालिकामासादयेयम्।

(परक्रिम्य)

अहो तु खलु वसुन्धरावधूजम्बूजम्बूद्वीपवदनकपोलपत्रलेखाया नानाभणड समृद्धाया अवन्तिसुन्दर्या उज्जयिन्याः परा श्रीः। इह हि—

पुण्यास्तावदर्वदाभ्यासा द्विरदरथतुरगनिनदा धनुर्गुणनिःस्वना
दृश्यं श्राव्यं विद्वद्वादाश्चतुरुदधिसमुदयफलैः कृता विपणिक्रिया।
गीतं वाद्यं द्यूतं हास्यं कचिदपि च विटजनकथाः क्वचित्सकलाः कला।
क्रीडा पक्षिक्षुब्धाश्चेमाः प्रचुरकरवलयरशनास्वना गृहपङ्क्तयः।।

(परिक्रम्य)

अपीदानीमभिमतकार्यनिष्पत्तिसूचकं किञ्चिन्निमित्तं पश्येयम्।

(विलोक्य)

अयं तावत् काव्यव्यसनी कात्यायनगोत्रः शारद्वतीपुत्रः सारस्वतभद्रः स्वगृहद्वारकोष्ठके श्वेतवर्णव्यग्राग्रहस्तः चिन्तितोपस्थितास्वादिताकाराक्षिभ्रूविकारैरभिनयन्निव चकपीडकक्रीडामनुभवति तत्काममस्मिन् काले प्रवृत्तप्रतिभास्रोतोविघातिनं सुप्रियमपि सुहृदमभ्यसूयन्ते कवयः। किन्तु सरस्वतीलताप्रभवानां वाक्पुष्पकारणां कर्णपूरम् अकृत्वाऽतिक्रमितुं वञ्चितमिवात्मानं मन्ये। यावदेनमुपसर्पामि। (उपेत्य)

सखे कात्यायन किमिदमाकाशरोमन्थनं क्रियते। कि ब्रवीषि ''स एव मा काव्यपिशाचो वाहयति'' इति। मा तावत् भोः अंघो पुराणकाव्यपदच्छेग्रथनचर्मकार किमिदं नष्टगोयूथ

इव गोपालको नवपदान्यन्वेषसे। अथ सखे किं वस्तु परिगृह्य कृतः श्लोकः। कि ब्रवीषि- ''ननु खलु इममेव वर्तमानरमणीयं वसन्तसमयमाश्रित्य कृतः श्लोकः'' इति। अथ शक्यं श्रोतुम्? किं ब्रवीपि- ''नन्वेष भित्तिगतो वाच्यताम्'' इति। क्वासौ?

(विलोक्य) अये अयं—

पुष्पस्पष्टाट्टहासः समदमधुकरः कोकिलावावदूकः।
श्रीमत्स्वेदावतारः प्रसुभगपवनः कर्कशोद्दामकामः।
बालामप्यप्रगल्भां वरतनुमवशां कामिने सम्प्रदातुं
कालोऽयं तत्करिष्यत्यनुनयनिपुणं यन्न दूतीसहस्रम्।।

साधु भोः कल्याणं खल्वेतन्निमित्तम्। वयस्य, सत्पुत्रलाभ इव यशस्करः श्लोकोऽयमस्तुः वाक्पुरोभागानामभागी भव। अये केनैतद् हसितम्? (विलोक्य) अये दर्दरकः पीठमर्दोऽप्यत्र। अंघो। दर्दरक, किमत्र हास्यस्थानम्? किं ब्रवीषि—इदं खलु भवता समुद्राभ्युक्षणं क्रियते यद् वागीश्वरं वाग्भिरर्चयसि'' इति मा तावदलोकज्ञ किं वसन्तमासो न पुष्पोपहारमर्हति? अपि च न त्वया श्रुतपूर्वम्—

सूर्यं यजन्ति दीपैः समुद्रमद्भिर्वसन्तमपि पुष्पैः।
अर्चामो भगवन्तं वयमपि वागीश्वरं वाग्भिः।। इति।

भवतु दर्शितस्ते पीठमर्दस्वभावः। सेवितोऽत्रभवान्। अपि च वसन्तकालोऽयमच्छलः परभृतप्रलापानाम्। इदृश एवास्तु भवान्। साधयाम्यहम्।

(परिक्रम्य विलोक्य)

अये अयमपरो विपुलामात्यः कामदत्ताप्राकृतकाव्यप्रतिष्ठानभूतः वैशिकवृत्याऽधोमुखः प्रस्थितः। आ गृहीतम्-एष देवदत्तासौभाग्यसंक्रान्ते मूलदेवे विपुलावमानात् आत्मानमवधीरितमवगच्छन् प्रणयक्रुद्धः खल्वेष धान्त्रः। भवतु परिहासप्लवेनैनमवगाहिष्ये। (निर्दिश्य) भोः सुहृत्कुमुदान नवबोधयन् दिवाचन्द्रलीलयाऽतिक्रामसि। पृच्छामस्तावत् किञ्चित्।

कलाविज्ञानसम्पन्ना गर्वैकव्रतशालिनी।
न खल्वत्यन्तधीरा सा खिन्ना ते विपुला मतिः।।

किं ब्रवीषि— ''तदपि मूलदेवीयं शाठ्यम्'' इति। आम्। भवान् खलु सत्यार्जवः किमिदानीं स्वशिष्यां विपुलां नोपालभते यया प्रणयकोपार्थमधिगतः कर्णपुत्रः—

प्राप्त इव शरत्कालः प्रावृट्कलुषां नदीं प्रसादयितुम्।
क्षिप्तः कदर्थयित्वा हेमन्ते तालवृन्त इव।।

किं ब्रवीषि— ''कदा कथम्'' इति। सखे श्रूयताम्। ननु कतिपयाहमिवाद्य मद्द्वितीयः कर्णीपुत्रो विपुलामनुनेतुमभिगतः। अथ द्वारकोष्ठकस्थेनानेन क्रोधागाधपरीक्षा-

र्थमहमादितः सोपग्रहं कल्पितः। सोऽहं प्रियवचनो-पन्यासेनाभिगतश्चैनाम्। साऽपि चेर्ष्यादोषदूषितलावण्या दृष्ट्वैव मां 'कुतोऽयमायास' इत्युक्त्वा पराङ्मुखी संवृत्ता। ततः सपरिहासमुक्ता मया–

किमुक्ता केन त्वं प्रतिवच इदं कस्य वचसः
तदावृत्ता भूत्वा वद वदनचन्द्रेण वनिते।
प्रसन्नां त्वां दृष्ट्वा भवति हि मम प्रीतिरतुला
भुजङ्गीव क्रुद्धा भ्रुकुटिरियमुद्वेजयति माम्।। इति
तदनन्तरमवन्तिसुन्दर्या सख्याऽभिहिता-
किं कृत्वा भ्रुकुटीतरङ्गविषमं रोषोपरक्तं मुखे
निःश्वासज्वरिताधरं प्रियसखं प्राप्तं न संभाषसे।
सौभाग्येन हि शत्रुकर्म कुरुषे स्त्रीगर्वमेधाविनि
मानं मानिनि मुञ्च सर्वमचिरादत्यायतं छिद्यते।। इति।

अथ गुणवती परिषदिति कृत्वा कर्णीपुत्रोऽभिगतः। स चानया प्रणिपातावनतः सरोषमवधूयाभिहितः–

कृत्वा विग्रहमागतोऽसि नियतं निर्वासितो वा तया
कान्तालापविनोदने किल वयं विश्रामभूमिस्तव।
किं नैराश्यनिरुत्सुकस्य मनसः संधुक्षणैर्मे पुनः
पीतेनात्र किमौषधेन कटुना सुस्वागतं गम्यताम्।। इति।

किं ब्रवीति– ''यद्येवं तामेवाविनीतां तावदेनामुपालब्धुं गच्छामि'' इति। छन्दतः तयागृहीतवाक्यो भवानस्तु। साधयामस्तावत्।

हा धिक् अपरं मूर्तिमत् गमनविघ्नमुपस्थितम्। एष हि पाणिनिपूर्वको दन्दशूक-पुत्रो दत्तकलशिर्नाम वैयाकरणः प्रतिमुखमेवोपस्थितोऽस्मान्। अपीदानीमविघ्नेनास्य वाग्वागुरामुत्तरेयम्। संरब्धमिवैनं पश्यामि। आम् वादविघट्टितेनानेन भवितव्यम्। तथा हि। अस्य कलहकण्डूबुन्धुरा वागीषदपि स्पृष्टा देवकुलघण्टेवानुस्वनति। प्रियगणिकश्चैष धान्त्रः। तां किल नपुरसेनाया दुहितरं रशनावतिकां नाम व्यपदिशति। भोः कष्टम्। करभकण्ठावसक्तां वल्लकीमिव शोचामि तां रशनावतिकाम्। एष उद्यम्याग्रहस्तमभिभाषत एवास्मान्।

किमाह भवान्– ''अपि सुखमशयिष्ठाः'' इति। का गतिः, भवतु सभा-जयिष्याम्येनम्। स्वागतमक्षरकोष्ठागाराय। वयस्य दत्तकलशे संरब्धमिव त्वां पश्यामि। कच्चित् कुशलम्। किं भवानाह- ''एषोऽस्मि बलिभुग्भिरिव संघातबलिभिः कातन्त्रि-कैरवस्कन्दितः'' इति। हन्त प्रवृत्तं काकोलूकम्। सखे दिष्ट्या त्वामलूनपक्षं पश्यामि। किं ब्रवीषि– ''का चेदानीं मम वैयाकरणपारशवेषु कातन्त्रिकेष्वास्था'' इति। यथातथाऽस्तु भवतः। साधयाम्यहम्।

किं ब्रवीषि– ''क्व सञ्चिचीर्षुः, तिष्ठ तावत्, किमसि दुद्रूषुः'' इति। हा धिक्, प्रसीदतु भवान्। नार्हस्यस्मान् एवंविधैः काष्ठप्रहार-निष्ठुरैर्वागशनिभिरभिहन्तुम्। साधु व्यावहारिकया वाचा वद। अभाजनं हि वयमीदृशानां करभोद्गारदुर्भगानां श्रोत्रविषनिषेकभूतानां वैयाकरणवाग्-व्यसनानाम्। किं ब्रवीषि– ''कथमहमिदानीमनेकवावदूकवादिवृषभविघट्टनो-पार्जिताम् अनेकधातुशतघ्नीं वाचमुत्सृज्य स्त्रीशरीरमिव माधुर्यकोमलां करिष्यामि''। अहो अनाथः खल्वसि। कुतः–

स्वैरालापे स्त्रीवयस्योपचारे कार्यारम्भे लोकवादाश्रये च।
कः संश्लेषः कष्टशब्दाक्षराणां पुष्पापीडे कण्टकानां यथैव।।

किमाह भवान्– ''स्थाने खलु सा पुंश्चली शब्दशीफरमाभाषिता रुष्टा'' इति। तत्केयं पुंश्चलीति? किं ब्रवीषि– ''प्रिया नाम केनोच्यते'' इति (विमृश्य) आ विदितम् रशनावतिका एतच्चार्हति। नातश्च भूयः कष्टतरं यत्सा प्रचुरपादपान्तरचारिणीव कोकिला स्वभावखरं बिल्वपादपमाश्रिता। कष्टं भोः महदिदं परिहासवस्तु, आस्वाद-यिष्यामस्तावत्।

वयस्य दत्तकलशे, एवं स्वभावदक्षिणस्य भवतः कथं कामिनी विरक्तेति परं मे कुतूहलं श्रोतुम्। एतदुच्यतां तावत् विस्तरतः। किमाह भवान्– ''साधु सा पुंश्चली पूर्वेद्युः पर्वकाले वेशकोष्ठकमुपेत्य रिरंसया मां हविर्जुहूषन्तं जिघृक्षतीवोपासीदत्। ततोऽहमेनामवोचम् वृषलि हविर्जुहूषन्तं मा मा स्प्राक्षीः'' इति। हन्त। इदं तत् दुष्टगान्धर्वं नाम। सुकुमारः खलु कामिनीसंपरिग्रहः। कलहोऽयमुपचारो नु। मा तावदलोकज्ञ युक्तं नाम त्वया प्रणयोपगतां कामिनीं विरागयितुम्। स्त्रीजनोऽपि त्वया कष्ट-शब्दनिष्ठुराभिर्व्याकरणविस्फुलिङ्गाभिवाग्भिरुत्त्रास यसितव्यो भवति। इदमपि न त्वया श्रुतपूर्वम् –

रत्यर्थिनीं रहसि यः सुकुमारचित्तां
कान्तां स्वभावमधुराक्षरलालनीयाम्।
वागर्चिषा स्पृशति कर्णविरेचनेन
रक्तां स वादयति वल्लकिमुल्मुकेन।।

सर्वथा दुष्करकारिणी खलु रशनावतिका, या भक्तमनेन कल्पयति। अथवा तु तस्याः शापः। वयस्य दत्तकलशे श्रुतं श्रोत्ररसायनम्। स्वस्ति भवते। साधयाम्यहम्। (परिक्रम्य)

(परिक्रम्य)

अये केयमिदानीं बाह्यद्वारकोष्ठके देवताभ्यो बलिमुपहरति?

निभृतवदना शोकग्लाना निरञ्जनलोचना
मलिनवसना स्नेहत्यक्तप्रलम्बघनालका।
शिथिलवलया पुष्पोत्क्षेपैश्च्युतांगुलिवेष्टना
तरुणायुवतिस्तन्वी भूयस्तनुत्वमुपागता।।

आ एषा भाण्डीरसेनाया दुहिता कुमुद्वती नाम। भोः कष्टम्। अप्रत्यभिज्ञेया इयं तपस्विनी संवृत्ता। तत् कस्येयं वेशवासविरुद्धं विरहयोग्यव्रतं चरति। आ विज्ञातम्। तमेषा मौर्यकुमारं चद्रोदयमनुरक्तेति श्रूयते। स च सुभगः सामन्तप्रशमनार्थं दण्डेनोद्यतः। हन्त भो उपपद्यते चन्द्रोदयविरहात् कुमुद्वती निःश्रीका संवृत्तेति। भोः प्रत्यादेशः खल्वियं कुल-वधूनाम्। अपि चैष स्वभवनवलभीपुटस्थं विक्षिप्तबलिप्रणयोपस्थितं स्वागतव्याहारेणाभिनन्दति वायसम्—

भद्रं ते वलभीगवाक्षतिलकश्राद्धोपहारातिथे
जीवन्त्यां मयि कच्चिदेष्यति स मे नित्यप्रवासी प्रियः।
यद्यागच्छति गच्छ तावदितरद्वाराश्रितं तोरणं
निःशोका हि समेत्य मे प्रियतमं दास्यामि दध्योदनम्।।'' इति

अहो तु खलु निष्कैतवोऽनुरागः। अनपहासक्षममेतद् राजयौतकम्। महिष्याव-गुण्ठनभागिनी भवत्वेषा। इतो वयमेकान्तेन गच्छामः।

(इति निष्क्रान्तो विटः)

इति श्रीशूद्रकविरचितः पद्मप्राभृतकं नाम भाणः समाप्तः।

वीणावासवदत्ता

(नान्दी के बाद सूत्रधार का प्रवेश)

सूत्रधार : जयति त्रिनयन जय जय शिवशंकर

गिरिजा स्तनमर्दन भस्म विरल।
असुर लक्ष्मी दाह निज शर अनल
श्मशान मंच के त्रिनेत्र महानट।।

आर्ये, इधर तो आ।

नटी : आर्य, आई।

सूत्र. : आर्ये आज तेरे गीतों से प्रसन्न इस रंगमंच पर मैं कोई नाटक करना चाहता हूँ।

नटी : मैं नहीं गा सकती आज।

सूत्र. : भला क्यों? *(सोचकर)* बेटी के हाथ पीले करने को लेकर यह मेरा अनादर है?

नटी : चलो आपको अब भी याद तो है?

सूत्र. : जल्दी मत कर। क्योंकि–

जब जिसके साथ जहाँ भी होना है
तब उसके साथ वहाँ ही होता है
विवाह जन्म और मृत्यु सदा।

नटी : ऐसे उत्तर से काम नहीं चलेगा। बेटी जवान हो गई है। उसे माँगने वाले अनेक हैं। अनुरूप कुल में कन्याओं का विवाह करना चाहिए।

सूत्र. : यदि ऐसा है तो व्रत, नियम, उपवास से भगवान् महेश्वर की आराधना करके उनकी इच्छानुसार *(बेटी)* दूँगा। क्योंकि–

जिसकी आज्ञा सब राजाओं के सिर पर
अक्षौहिणी सेना के स्वामी और विजेता
जैसा कर रहे हैं प्रयास, प्रद्योत राजा भी।

(निर्गम)
(स्थापना समाप्त)
(शालंकायन और वसुवर्मा का प्रवेश)

शालंकायन : वसुवर्मा, समस्त सन्तानों में महाराज का वासवदत्ता से अधिक स्नेह है। क्योंकि—
अश्मक के राजा के बेटे को देना निश्चय करके भी प्रबल प्रेम के कारण फिर से पलट गए।

जहाँ ईश्वर की अनुमति होगी
वहीं देने को तन्मय
फिर से शम्भु के आराधन में।

वसुवर्मा : महाराज का उससे अधिक स्नेह क्यों न हो? वह तो
सौभाग्य श्री मधुर बात चतुराई लज्जा
लीला आदि ललना के जो हैं परम अलंकार।
उनकी यह मंजूषा सी, इसका
भली भाँति तुम पाल करना—राजवृषभ के पास यहाँ रक्खा भूतों के रक्षक ने,
अन्यत्र व्यय-बजुलता की अनिच्छा से।

शालं. : बात-बात में बीच के मार्ग से भटक कर इस चित्र-मंडप में पहुँच गए।
(दोनों घूमते ठहरते हैं। प्रतिहारिका का प्रवेश)

प्रतिहारिका : *(प्रसन्नता सहित)* स्वामी के मनचाहे सपना देखने से प्रसन्नता की बाढ़ से भर जाने के कारण जल्दी करने पर भी शीघ्र नहीं जा पा रही हूँ। *(घूमकर)* अरे। अमात्य आर्य शालंकायन और वसुवर्मा। अच्छा। इन्हें खुशखबरी दूँ। *(पास जाकर)* आर्यों को सुख हो। मनचाहे सपने के स्वामी को बधाई दें।

दोनों : तुम ऐसी सैकड़ों प्रिय बातें बताती रहो। महाराज कहाँ हैं?

प्रतिहारी : नियमघर से निकल कर स्वामी स्नानघर में जाकर स्वर्ण के पद्मपीठ के बीच रत्नों के शिरीष पुष्पों से भरे मन्त्रों से पवित्र विमल पवनगन्ध से शीतल जल से भरे स्वर्ण कलशों से स्नान कर मंगल-स्वस्ति विधान, रेशमी वस्त्र पहने, हवन करके पूर्वोत्तर दिशा-कोण में स्वर्ण के भद्रपीड़ पर पूर्व की ओर मुख कर बैठकर बिन आदेश के ही मंगल नौबत-नगाड़े बजने पर स्वर्णासन पर बैठे रत्नों से भरी अंजली वाले पुरोहित सहित ब्राह्मणों को अपना देखा हुआ सपना बताया तो वे प्रसन्नता से खिले चेहरों से बार-बार स्वप्न की प्रशंसा 'साधु, सफल' कहकर

करने लगे। उन ब्राह्मणों को रवाना कर आर्य भरतरोहक के साथ कनक-प्रासाद से उतर रहे हैं।

शांत : विजय के लिए।

वसु. : और तू कहाँ चली?

प्रति. : कंचुकी आर्य भवदास को कहने के लिए कि सभी मन्दिरों में आज विशेष पूजा करनी है।

शालं. : साधु! यह उचित है।

प्रति. : अब मैं स्वामी के आदेश का पालन करती हूँ।

(जाती है)

वसु. : *(देखकर)* अरे ये रहे महाराज। ये तो–

आकर्षक श्वेत दुपट्टा पहने राजा।
उपवास से थकी देह, निकले महल से
प्रचुर मद बहने से थोड़े दुबले तन का
गौरा गन्धगज निकल रहा हो जैसे
मेरु पर्वत की गुहा से।

(राजा और भरतरोहक का प्रवेश)

राजा : मित्र भरतरोहक, वासवदत्ता देने का यह सुखी मार्ग लगा, इसलिए मैंने अपनाया। परन्तु वरदान देकर भी भगवान् शिव ने मुझे दुख में ही डाल दिया।

भरत : स्वामी! शिवजी की कृपा से वह सरलता से सिद्ध होगा!

राजा : वैसा ही हो!

(दोनों घूमते हैं)

भरत : देव हम चित्रमण्डप में आ गए हैं।

शालंकायन वसुवर्मा : जय हो देव।

भरत : उपवास की थकान के कारण यहाँ देर तक रुकना ठीक नहीं।

राजा : ठीक है। *(आसन पर बैठता है)*

शालं. : आज महाराज ने अपना सर्वथा मनचाहा सपना देखा है। इसलिए पूरा राजकुल विशेष प्रसन्न सा है।

राजा : आप सुनना चाहते हैं?

शालं. : यदि देव को कष्ट न हो।

राजा : वह निभाने के लिए ही तो हम आए हैं।

शालं. : अनुगृहीत हूँ।

राजा : आर्य कल दिनभर व्रत, नियम, उपवास, पूजा में दिन बिताकर रात में सो गया।

शालं. : तब तब...।

राजा : तब–

विस्तृत फण के लम्बे नागों का हार
चन्द्रलेखा से मुसकाता सा जटा मुकुट।
भस्मलेप से उदात्त आए
भगवान् गिरिश को मैंने देखा।

शालं. : यह तो दैवसिद्धि है। तब–

राजा : तब उनके दर्शन से परम हर्षित मैं जल्दी से उठकर आकाश में प्रणामांजलि उठाए रहा।

शालं. : तब, तब ...

राजा : तब वे भगवान् जलभरे मेघ के समान धीमे गर्जन के समान गम्भीर मन और कानों को प्रसन्न करने वाले स्वर में एक श्लोक कहकर अन्तर्धान हो गए। मैं भी उस आवाज से जग गया।

शालं. : वह श्लोक आपको याद है?

राजा : सुनो–

वीर हो कुलीन सब, कला विद्या विज्ञ भी हो
दाता हो नीरोगी अस्त्री व्यसन विमुख हो।
विपदा से निर्विकार मृत्यु से जो डरे नहीं
कोमल सुन्दर अति चिरायु अधिक हो।
तेजस्वी हो मंत्री प्राज्ञ ऐसा यदि दुल्हा हो तो
सुख यश भोगे कन्या सुख में धनिक हो।
ऐसा वर कन्या को ले जावे जो विवाह कर
चिन्ता माता-पिता को भी कभी न तनिक हो।।

शालं. : देव यह तो भाग्य की स्थिति का वरण है।

राजा : सखे भरतरोह, हमसे जो सम्बन्ध करना चाहते हैं उनमें वह कौन है जिसमें ये सब गुण हों।

भरत : लगता है उन सबको तो भगवान् शिव ने दोषी बता दिया है।

राजा : कैसे?

भरत : अश्मक के राजकुमार संजय को खून की उल्टियाँ होती हैं और शराबी है। मथुरा का राजा जयवर्मा मूर्ख है। काशीराज विष्णुसेन जुआड़ी और शिकारी है।

राजा :
बुद्धि नयनों से तुम खोजो इन गुण का जन है तो जरूर।
धरती पर वैसा ना होता, स्वयं क्या कहते आकर शिनसूर।।

वसु. : अत्यन्त प्रज्ञा सी बात कही।

भरत : मगध का राजा दर्शक क्रूर है। अंग का स्वामी जयरथ कुरूप है। मत्स्य का स्वामी शतमन्यु इर्ष्यालु है। सिन्धुराज सुबन्धु भीरू है।

राजा : वसुवर्मा क्या कहना चाहते हो?

वसु. : शंकर के वरदान जैसा वर मानो दिखाई दे रहा है।

राजा : आप कहिए, कहिए।

वसु. : पर मुझे भय रोक रहा है।

राजा : अरे यह तो मंत्रणा है।

वसु. : ऐसा मानता हूँ—

वत्सराज के कल्पतरु नित ताजे गुणरत्नों के फूल।
श्लोकमाला शिव ने ज्यों गूँथी, मेधा के हेमसूत्र से।।

शालं. : वाह, बिल्कुल ठीक सोचा।

राजा : वह सर्वगुणसम्पन्न हो तो भी उसे अपनी बेटी देने का मुझे कोई उत्साह नहीं।

भरत : कारण क्या है?

राजा : वह तो कुल, बल, अतिरूप, विक्रम, विद्या, सचिव और अस्त्र विशेष से गर्वित है।

नहीं गिनता धरा पर राजाधिराजाओं को सिंहपुत्र जैसे गजराजों को।

भरत : यदि ऐसा है तो उसे बाँधकर यहाँ लाकर सब मदव्याधियों की चिकित्सा कर देनी चाहिए।

राजा : क्या यह सम्भव सा है?

भरत : समस्त सिद्धियाँ केवल आपकी आज्ञा मात्र की अपेक्षा करती हैं।

शालं. : जिससे हम सम्बन्ध करना चाहते हैं उसके बन्धन में क्या गुण है?

भरत : लोगों के कहने से नहीं, हमें अपने सामने वर के गुण-अगुण का निश्चय कर लेना चाहिए।

शालं. : क्या अपने राज्य में ही परीक्षण सम्भव है?

भरत : आर्य,

नीति क्षमा धृति मति वीरता विक्रम प्रवीणता
विद्या बल वीर्य सम्पदा विपदा में ही
निज बन्धु स्नेही लोगों की परीक्षा की
कसौटी सी बनी है।

शालं. : और धर-पकड़ में कोई अनिष्ट हो गया तो?

भरत : तो सिद्ध होगा कि उसमें वर के गुण नहीं हैं। शत्रुवध से स्वामी का तेज बढ़ेगा और दर्शक का पक्षाघात भी।

शालं. : परीक्षा में सब गुण नहीं मिले तो?

भरत : विशेष कीर्ति और लाभ।

वसु. : लाभ कैसे?

भरत : जगत् में वह संगीत, गजशिक्षा और आयुध-सम्पदा में अप्रतिम वीर माना जाता है। राजकुमारी राजकुमारों को क्रम से सिखाएगा, सब दुष्ट गजों का विधिवद् दमन करेगा।

शालं. : वत्सराज के भय से पांचाल हमारा पिछलग्गू भी होगा।

भरत : बिलकुल।

शालं. : वत्सराज की मुक्ति के भय से दुगुना-तिगुना या सब कुछ देकर भी आरुणि हमारे महाराज की सदा आराधना करेगा।

असंयमी मूरख बली और जो हो बईमान।
लता-विभूति ज्यों बढ़े वृक्ष सा हो विनाश।।

राजा : परीक्षा में यदि विख्यात सब गुण सही मिलें तो हम क्या करेंगे?

भरत : वह हमारा शिवजी का बताया वर होगा।

राजा : संजय को दूँगा—यह तय करके उसे नहीं देने से हमारा अपयश होगा।

भरत : अपयश न हो वैसा उपाय करूँगा।

राजा : कैसा?

भरत : स्वयं चली जाएगी।

राजा : पापकारी है वह तो।

भरत : तथापि दैवसम्मत दिखाई देता है।

राजा : कैसे?

भरत : उस श्लोक का अर्थ विधिप्रधान है। प्रतिज्ञानुसार देने में तीन दोष हैं।

राजा : वे कौन से?

भरत : शिवजी के मत का विरोध, कोशहानि और राजकुमारी को दुःख में डालना।

राजा : कोशहानि कैसे?

भरत : दिया उससे दुगना-तिगुना उसे देना पड़ेगा।

राजा : अरे बड़ी कंजूसी की बात कही।

भरत : देव! काम में ऊँच-नीच तो सोची ही जाती है।

राजा : तब आगे।

भरत : वत्सराज को स्वयं *(को राजकुमारी)* देने पर संजय से प्रेम न रहने पर भी संवाद रहेगा और कीर्ति भी।

राजा : तो इससे भी कोश का क्षय होता है।

भरत : आरुणि हमारे इशारे पर चले। उसका राज्य देने से ही उसका सत्कार हो जाएगा।

शालं. : बिलकुल ठीक कहा।

भरत : जबरदस्ती हरण में हमारा प्रमाद जाहिर होगा।

राजा : यह क्या कम है?

भरत : दोषपूर्ण कामों में कम दोष का करना चाहिए।

वसु. : स्वामी! इसमें भी मुझे बदनामी नहीं दिखती।

सुभद्रा बड़ी भद्र थी बरबस ले गए।
सुभद्र भगिनी को अर्जुन ले गए।
यदु दिग्गजों के तेज प्रकाश यश वालों के
देव कृष्ण की क्या हुई बदनामी?

शालं. : साधु! वसुवर्मा की बात का जवाब नहीं।

भरत : स्वामी आपके लिए भी यही तरीका सही दिखता है।

राजा : कैसे?

भरत : श्लोक का अर्थ विधि प्रधान है।

राजा : ऐसा हो।

शालं. : वत्सराज को पकड़ने का कोई उपाय है?

भरत : है आर्य।

राजा : कौन सा?

भरत : वह है—

बचपन में राजमार्ग में खेलते
मोदमत्त मित्रों के साथ
उधर से जाते मुनि अंगारक पर
बार बार बरसाई धूल।

शालं. : तब।

भरत : तब क्रोधित महर्षि ने शाप दिया हाथी के कारण ही बन्धन और शत्रु के वश में तू होगा।

राजा : अहो महर्षि की क्रूरता।

भरत : वह आज हाथी पकड़ने नगर से निकल गया है।

राजा : तुमने कैसे जाना?

भरत : वहीं स्थित अपने गुप्तचर से।

राजा : ऐसा है तो वत्सराज पकड़ा गया।

शालं. : अब करेंगे कैसे?

भरत : आजकल उसे हाथी पकड़ने का शौक है। अतः शिक्षित गज से आकर्षित कर

बनावटी वर्ण और लक्षण वाले मन्द मनोहर
वनगजों की लीला न्यारी
हल्के आयुधवाली सेना के वीर बहुत से
पेट में बैठे पकड़ सकते हैं बरबस युद्ध में
ऋषि के शाप से विवश इन्द्र के समान।

वसु. : पकड़ने का उपाय तो बढ़िया है।

शालं. : मन्द गज को पकड़ना क्यों?

भरत : कभी काम में विपरीत स्थिति हो तो दूसरे को सफलता न मिले।

शालं. : उस योजना जैसा हाथी है क्या हमारे पास?

भरत : इसी काम के लिए चार हाथी छिपा रखे हैं।

राजा : वहाँ कौन जाएगा?

भरत : आर्य शालंकायन।

राजा : क्या है सम्भव सा है?

शालं. : देव का लक्ष्य कभी निष्फल नहीं हुआ।

वसु. : आर्य को कब जाना है?

भरत : जब वह राजा गजवन में प्रवेश करे।

राजा : हमें कैसे मालूम होगा?

भरत : हस्तिवनों में मैंने सब दूर वनचर, पुलिन्द, तपस्वी, अंगारी कोयले वाले आदि के रूप में गुप्तचर छोड़ रखे हैं। और कौशाम्बी में वहाँ के योग्य। उनसे मुझे तत्काल सूचनाएँ मिलती रहती हैं।

राजा : मित्र, वत्सराज को पकड़ने की क्या तुमने पहले से तैयारी कर रखी है?

भरत : नहीं।

राजा : फिर यह सब कैसे किया?

भरत : देव। सब राजाओं की कमियाँ ज्ञात कर उनके दोष के अनुरूप उपाय पहले ही मैं कर लेता हूँ। बाद में स्वामी की आज्ञा मिलते ही लक्ष्यसिद्धि के लिए।

राजा : बचपन से बुढ़ापे तक के स्नेह और विशेष बुद्धिबल के अनुरूप है यह।

(प्रवेश कर)

प्रतिहारिका : स्वामी की जय। अब भीतर चलने का समय है।

भरत : देव। मन्त्र भी पूरा हो गया।

राजा : ऐसा ही हो।

(सब उठकर घूमते हैं)

प्रति. : इधर, इधर महाराज।

(सबका निर्गम)

।।प्रथम अंक पूर्ण।।

मृच्छकटिकम्

द्वितीयोऽङ्कः

(प्रविश्य)

चेटी : मात्राऽऽर्यासकाशं संदेशेन प्रेषिताऽस्मि। तद्यावत्प्रविश्वयार्या सकाशं गच्छामि। *(परिक्रम्यावलोक्य च।)* एषाऽऽर्या हृदयेन किमप्यालिखन्ती तिष्ठति। तद्यातदुपसर्पामि। (अत्ताए अज्जआसआसं सदेसेण पेसिदम्हि। ता जाव पविसिअ अज्जआसआसं गच्छामि। एसा अज्जआ हिअएण किं पि आलिहन्त चिट्ठदि। ता जाव उपसप्पामि।

(ततः प्रविशत्यासनस्था सोत्कण्ठा वसन्तसेना मदनिका च।)

वसन्तसेना : चेटि ततस्ततः। *(हञ्जे तदो तदो।)*

मदनिका : आर्ये ने किमपि मन्त्रयसे। किं ततस्ततः। *(अज्जए ण किं पि मन्तोसि। किं तदो तदो।)*

वसन्तसेना : किं मया भणितम्। *(किं मए भणिदम्।)*

चेटी : ततस्तत इति। *(तदो तदो त्ति।)*

वसन्तसेना : *(सभ्रूक्षेपम्।)* आ एवम्। *(आं एव्वम्।)*
(उपसृत्य)

प्रथमा चेटी : आर्ये माताऽऽदिशति स्नाता भूत्वा देवतानां पूजां निर्वर्तयेति *(अज्जए अत्ता आदिसदि ण्हादा भविअ देवदाणं पूअं णिव्वत्तेहि त्ति।)*

वसन्तसेना : चेटि विज्ञापय मातरम्। अद्य न स्नास्यामि तद्ब्राह्मण एव पूजां निर्वर्तयत्विति। *(हञ्जे विण्णवेहि अत्तम्। अज्ज ण ण्हाइस्सं ता बम्हणो ज्जेव्व पूअं णिव्वत्तेदु त्ति।)*

चेटी : यदार्याऽज्ञापयति *(इति निष्क्रान्ता।)* *(जं अज्जआ आणवेदि।)*

मदनिका : आर्ये स्नेहः पृच्छति न पुरोभागिता। तत्किं न्विदम्। *(ज्जए सिणेहो पुच्छदि ण पुरोभाइदा। ता किं णेदम्।)*

वसन्तसेना : मदनिके कीदृशीमां प्रेक्षसे। *(मदणिए केरिसिमं पेक्खसि।)*

मदनिका : आर्यायाः शून्हृदयत्वेन जानामि हृदयगतं कमप्यार्याऽऽभिलषतीति। *(अज्जअए सुण्णहिअअत्तणेण जाणामि हिअअगदं कं पि अज्जआ अहिलसदि त्ति।)*

वसन्तसेना : सुष्ठु त्वया ज्ञातम्। परहृदयग्रहणपण्डिता मदनिका खलु त्वम्। *(सुठठु तुए जाणिदम्। परहिअअग्गहणपण्डिआ मदणिआ क्खु तुमम्।)*

मदनिका : प्रियं मे प्रियम्। कामः खलु नामैष भगवाननुगृहीतो महोत्सवस्तरुण-जनस्य। तत्कथयत्वार्या किं राजा राजवल्लभो वा सेव्यते। *(पिअं मे पिअम्। कामो क्खु णाम असो भअवं अणुगहिदो महूसवो तरुणजनस्य। ता कधेदु अज्जआ किं राजा राअवल्लहो वा सेवी-अदि।)*

वसन्तसेना : रन्तुमिच्छामिन सेवितुम्। *(हञ्जेरमिदुमिच्छामि न सेवितुम्।)*

मदनिका : विद्याविशषांलंकृतः किं कोपि ब्राह्मणयुवा काम्यते। *(विज्जाविसेसालंकिदो किं वि बम्हणजुआ कार्मअदि।)*

वसन्तसेना : पूजनीयो मे ब्राह्मणजनः। *(पूअणीओ मे बह्मणजणो।)*

मदनिका : किमनेकनगराभिगमनजनितविभवविस्तारो वाणिजयुवा वा काम्यते। *(किं अणेअणअराहिगमणजणिवविहववित्थरोवाणिअजुआ वा कामीअदि।)*

वसन्तसेना : हञ्जे उपारूढस्नेहमपि प्रणयिजनं परित्यज्य देशान्तरगमनेन वाणिजजनो महद्वियोगजं दुःखमुत्पादयति। *(हञ्जे उवारूढसिणेहं पि पणइजणं परिच्चिइअ देसन्तरगमणेण वाणिअजणो महन्तं विओअजं दुक्खं उप्पादेदि।)*

मदनिका : आर्ये न राजा न राजवल्लभो न ब्राह्मणो न वणिजजनः। तत्क इदानीं स भर्तृदारिकया काम्यते। *(अज्जए ण राआ ण राअवल्लहो ण बह्मणो ण वाणिअजणो। ता को दाणिं सो भट्ठिदारिआए कामी-अदि।)*

वसन्तसेना : हञ्जे त्वं मया सह कामदेवायतनोद्यानं गताऽऽसीः। *(हञ्ज तुमं मए सह कामदेवाअदणुज्जाणं गदा आसि।)*

मदनिका : आर्ये गताऽऽस्मि। *(अज्जए गदह्मि।)*

वसन्तसेना : तथाऽपि मामुदासीनेव पृच्छसि। *(तह वि मं उदासीणा विअ पुच्छसि।)*

मदनिका : ज्ञातम्। किं स एव येनार्या शरणागताऽभ्युपपन्ना। *(जाणिदम्। किं सो ज्जेव्व जेण अज्जआ सरणाअदा अभुववण्णा।)*

वसन्तसेना : किं नामधेयः खलु सः। *(किं णामहेओ क्खु सो।)*

मदनिका : सखलु श्रेष्ठि चलरे प्रतिवसति। *(सो क्खु सिट्ठिचतरे पडिवसदि।)*

वसन्तसेना : अयि नामास्य पृष्टासि। *(अइ णाम से पुच्छिदासि।)*

मदनिका : स खल्वार्ये सुगृहीतनामधेय आर्यचारुदत्तो नाम। *(सो क्खु अज्जए सुगहिदणामहेओ अज्जचारुदत्तो णाम।)*

वसन्तसेना : *(सहर्षम्।)* साधु मदनिके साधु। सुष्ठु त्वया ज्ञातम्। *(साहु मदणिए साहु। सुट्ठु तुए जाणिदम्।)*

मदनिका : *(स्वगतम्।)* एवं तावत्। *(प्रकाशम्।)* आर्ये दरिद्रः खलु स श्रूयते। *(एव्वं दाव। अज्जए दलिद्दो क्खु सो सुणीअदि।)*

वसन्तसेना : अत एव काम्यते। दरिद्रपुरुषसंक्रान्तमनाः खलु गणिका लोकेऽवचनीया भवति। *(अदो ज्जेव्व कामीअदि। दलिद्दपुरिससंकन्तमणा क्खु गणिआ लोए अवअणीआ भोदि।)*

मदनिका : आर्ये किं हीनकुसुमं सहकारपादपं मधुकर्यः पुनः सेवन्ते। *(अज्जए किं हीणकुसुमं सहआरपादवं महुअरीओ उण सेवन्ति।)*

वसन्तसेना : अत एव ता मधुकर्य उच्यन्ते। *(अदो ज्जेव्व ताओ महुअरीओ वुच्चन्ति।)*

मदनिका : आर्ये यदि स मनीषितस्तत्किमर्थमिदानीं सहसा नाभिसार्यते। *(अज्जए जइसो मणीसिदो ता कीस दाणिं सहसा ण अहिसारीअदि।)*

वसन्तसेना : चेटि सहसाऽभिसार्यमाणः प्रत्युपकारदुर्बलतया मा तावज्जनो दुर्लभदर्शनः पुनर्भविष्यति। *(हञ्जे सहसा अहिसारिअन्तो पच्चुअ-आरदुब्बलदाए मा दाव जणो दुल्लहदंसणो पुणो भविस्सदि।)*

मदनिका : किमत एव सोऽलंकारस्तस्य हस्ते निक्षिप्तः। *(किं अदो ज्जेव्व सो अलंकारओ तस्स हत्थे णिक्खित्तो।)*

वसन्तसेना : हञ्जे सुष्ठु त्वया ज्ञातम्। *(हञ्जे सुट्ठु दे जाणिदम्।)*

(नेपथ्ये)

अरे भट्टारक दशसुवर्णस्य रुद्धो द्यूतकरः प्रपलायितः प्रपलायितः। तद्गृहाण गृहाण। तिष्ठ तिष्ठ। दूरात्प्रदृष्टोऽसि। *(अले भट्टा दश-सुवण्णाह लुद्धु जूदकरु पपलीणु पपलीणु। ता गेण्ह गेण्ह। चिट्ठ चिट्ठ। दूलात्पदिट्ठो सि।)*

(प्रविश्यापटीक्षेपेण संभ्रान्तः।)

संवाहक : आश्चर्यम्। कष्ट एष द्यूतकरभावः। *(हीमाणहे। कट्ठे एशे जूदिअलभा।)*

नवबन्धनमुक्तयेव गर्दभ्या हा ताडितोऽस्मि गर्दभ्या।
अङ्गराजमुक्तयेव शक्त्या घटोत्कच इव घातितोऽस्मि शक्त्या।।1।।

लेखकव्यापृतहृदयं सभिकं दृष्ट्वा झटिति प्रभ्रष्टः।
इदानीं मार्गनिपतितः कं नु खलु शरणं प्रपद्ये।।2।।

(णवबन्धणमुक्काए विअ गद्दहीए हा ताडिदो म्हि गद्दहीए।
अङ्गलाअमुक्काए विअ शत्तीए घडुक्को विअ घादिंदो म्हि शत्तीए।।

लेखअवावडहिअअं शहिअं दट्ठूण झत्ति पब्भट्टे।
एण्हिं मर्गाणवडिदे कं णु क्खु शलणं पपज्जे।।)

तद्यावदेतौ सभिकद्यूतकरावन्यतो मामन्विष्यतः तावदहं विपरीताभ्यां पादाभ्यामेतच्छून्यदेवकुलं प्रविश्य देवीभविष्यामि। *(वहुविधं नाट्यं कृत्वा तथा स्थितः।) (ता जाव एदे शहिअजूदिअला अण्णदो मं अण्णेशन्ति ताव हक्के विप्पडीवेहिं पादेहिं एदं शुण्णदेउलं पविशिअ देवीभविश्शम्।)*

(ततः प्रविशति माथुरो द्यूतकरश्च)

माथुर : अरे भट्टारक दशसुवर्णस्य रुद्धो द्यूतकरः प्रपलायितः प्रपलायितः। तद्गृहाण गृहाण। तिष्ठ तिष्ठ। दूरात्प्रदृष्टोऽसि। *(अले भट्टा दश-सुअण्णह लुद्धु जूदकरु पपलीणु पपलीणु। ता गेण्ह गेण्ह। चिठ्ठ चिट्ठ। दुलात्पदिट्ठो सि।)*

द्यूतकर : यदि व्रजसि पातालमिन्द्रं शरणं च सांप्रतं यासि।
सभिकं वर्जयित्वैकं रुद्रोऽपि न रक्षितुं तरति।।3।।
*(जइ वज्जसि पाआलं इन्दं शलणं च संपदं जासि।
अहिअं वज्जिअ एकं रुद्दो वि ण रक्खिदुं तरइ।।)*

माथुर : कुत्र कुत्र सुसभिकविप्रलम्भक पलायसे रे भयपरिवेपिताङ्गक।
पदे पदे समविषमं स्खलन्कुलं यशोऽतिकृष्णं कुर्वन्।।4।।
*(कहिं कहिं सुसहिअविप्पलम्बआ पलासि ले भअपलिवेविदङ्गआ।
पदे पदे समविसमं खलन्तआ कुलं जसं अदिकसर्ण कलेन्तआ।।)*

द्यूतकर : *(पदं वीक्ष्य।)* एष व्रजति। इयं प्रनष्टा पदवी। *(एसो वज्जदि। इअं पणट्ठा पदवी।)*

माथुर : *(आलोक्य सवितर्कम्।)* अरे विप्रतीपौ पादौ। प्रतिमाशून्यं देवकुलम्। *(विचिन्त्य।)* धूर्तो द्यूतकरो विप्रतीपाभ्यां पादाभ्यां देवकुलं प्रविष्टः। *(अले विप्पदीवु पादू। पाडिमाशुण्णु देउलु। धुत्तु जूदकरु विप्पदीवेहिं पादेहिं देउलं पविट्ठो।)*

द्यूतकर : ततोऽनुसरावः। *(ता अणुसरेह्म।)*

माथुर : एवं भवतु। *(एव्वं भोदु।)*
(उभौ देवकुलप्रवेशं निरूपयतः। दृष्ट्वान्योऽन्यं संज्ञाप्य।)

द्यूतकर : कथं काष्ठमयी प्रतिमा। *(कधं कट्ठमयी पडिमा।)*

माथुर : अरे न खलु न खलु। शैलप्रतिमा। *(इति बहुविधं चालयति। संज्ञाप्य च।)* एवं भवतु। एहि। द्यूतेन क्रीडावः। *(इति बहुविधं द्यूतं क्रीडतः।) (अले ण हु ण हु। शैलपडिमा। एव्वं भोदु। एहि। जूदं किलेह्म।)*

संवाहक : *(द्यूतेच्छाविकारसंवरणं बहुविधं कृत्वा। स्वगतम्।)* अरे।
कत्ताशब्दो निर्नाणकस्य हरति हृदयं मनुष्यस्य।
ढक्काशब्द इव नराधिपस्य प्रभ्रष्टराज्यस्य।।5।।

जानामि न क्रीडिष्यामि सुमेरुशिखपतनसंनिभं द्यूतम्।
तथाऽपि खलु कोकिलमधुरः कत्ताशब्दो मनो हरति।।6।।

अले।

कत्ताशद्दे णिण्णाणअश्श हलइ हडकं मनुश्शश्श।
ढक्काशद्दे व्व णडाधिवश्श पब्भट्टलज्जश्श।।
जाणामि ण कीलिश्शं शुमेलुशिहलपडणशण्णिहं जूअम्।
तह वि हु कोइलमहुले कत्ताशद्दे मणं हलदि।।

द्यूतकर : मम पाठे मम पाठे। (मम पाठे मम पाठे।)

माथुर : न खलु। मम पाठे मम पाठे। *(ण हु। मम पाठे मम पाठे।)*

संवाहक : *(अन्यतः सहसोपसृत्य।)* ननु मम पाठे। *(णं मम पाठे।)*

द्यूतकर : लब्धः पुरुषाः *(लद्धे गोहे।)*

माथुर : *(गृहीत्वा)* अरे लुप्तदण्डक गृहीतोऽसि। प्रयच्छ तद्दशसुवर्णम्। *(अले पेदण्डा गहीदो सिं। पअच्छ तं दशसुवण्णम्।)*

संवाहक : अद्य दास्यामि। *(अज्ज दइश्शम्।)*

माथुर : अधुना प्रयच्छ। *(अहुणा पअच्छ।)*

संवाहक : दास्यामि। प्रसादं कुरु। *(दइश्शं। पशादं कलेहि।)*

माथुर : अरे ननु सांप्रतं प्रयच्छ। *(अले णं संपदं पअच्छ।)*

संवाहक : शिरः पतति। *(इति भूमौ पतति।)* *(शिलु पडदि।)* *(उभौ बहुविधं ताडयतः।)*

माथुर : एष त्वं खलु द्यूतकरमण्डल्या बद्धोऽसि। *(एसु तुमं हु जूदिअरमण्डलीए बद्धो सि।)*

संवाहक : *(उत्थाय सविषादम्।)* कथं द्यूतकरमण्डल्या बद्धोऽस्मि। कष्टम्। एषोऽस्माकं द्यूतकराणामलङ्घनीयः समयः। तस्मात्कुतो दास्यामि। (कध जूदिअलमण्डलीए बद्धो म्हि। ही। एशे अम्हाणं लूदिअलाणं अलङ्घणीए शमए। ता कुदो दुइश्शम्।

माथुर : अरे गण्डः क्रियतां क्रियताम्। *(अले गण्डे कुलु कुलु।)*

संवाहक : एवं करोमि। *(द्यूतकरमुपस्पृश्य।)* अर्धं तुभ्यं ददामि अर्धं मे मुञ्चतु। *(एव्वं कलेमि। अद्धं ते देमि अद्धं मे मुञ्चदु।)*

द्यूतकर : एवं भवतु। *(एव्वं भोदु।)*

संवाहक : *(सभिकमुपगम्य।)* अर्धस्य गण्डं करोमि। अर्धमपि म आर्यो मुञ्चतु *(अद्धश्श गण्डे कलेमि। अद्धं पि मे अज्जो मुञ्चदु।)*

माथुर : को दोषः। एवं भवतु। *(को दोसु। एव्वं भोदु।)*

संवाहक : *(प्रकाशम्।)* आर्य अर्धं त्वया मुक्तम्। *(अज्ज अद्धे तुए मुक्के।)*

माथुर : मुक्तम्। *(मुक्के।)*

संवाहक : *(द्यूतकरं प्रति।)* अर्धं त्वयाऽपि मुक्तम्। *(अद्धे तुए वि मुक्के।)*

द्यूतकर : मुक्तम्। *(मुक्के।)*

संवाहक : सांप्रतं गमिष्यामि। *(संपदं गमिश्शम्।)*

माथुर : प्रयच्छ तद्दशसुवर्णम्। कुत्र गच्छसि। *(पअच्छ तं दशसुवण्णम्। कहिं गच्छसि।)*

संवाहक : प्रेक्षध्वं प्रेक्षध्वं भट्टारकाः। हा सांप्रतमेव एकस्यार्धे गण्डः कृतः अपरस्यार्ध मुक्तम्। तथाऽपि मामबलं सांप्रतमेव याचते। *(पेक्खध पेक्खध भट्टालआ। हा शम्पदं ज्जेव्व एक्काह अद्धे गण्डे कडे अवलाह अद्धे मुक्के। तह वि मं अबलं शमपदं ज्जेव्व मग्गदि।)*

माथुर : *(गृहीत्वा।)* धूर्त माथुरोऽहं निपुणः। अत्र नाहं धूर्तयामि। तत्प्रयच्छ तल्लुप्तदण्डक सर्वं सुवर्णं सांप्रतम्। *(धुत्तु माथुरु अहं णिअणु। एत्थ ण अहं धुत्तिज्जामि। ता पअच्छ तं पेदण्डआ सव्वं सुवण्णं संपदम्।)*

संवाहक : कुतो दासयामि। *(कुदो दइश्शम्।)*

माथुर : पितरं विक्रीय प्रयच्छ। *(पिदरु विक्किणिअ पअच्छ।)*

संवाहक : कुतो मे पिता। *(कुदो मे पिदा।)*

माथुर : मातरं विक्रीय प्रयच्छ। *(मादरु विक्किणिअ पअच्छ।)*

संवाहक : कुतो मे माता। *(कुदो मे मादा।)*

माथुर : आत्मानं विक्रीय प्रयच्छ। *(अप्पाणं विक्किणिअ पअच्छ।)*

संवाहक : कुरुत प्रसादम्। नयत मां राजमार्गम्। *(कलेध पशादम्। णेध मं लाजमग्गम्।)*

माथुर : प्रसर। *(पसरु।)*

संवाहक : एवं भक्तु। *(परिक्रामति।)* आर्याः क्रीणीध्वं मामस्य सभिकस्य हस्ताद्दशभिः सुवर्णैः। *(दृष्ट्वा। आकाशे।)* किं भणथ: 'किं करिष्यसि' इति। गेहे ते कर्मकरो भविष्यामि। कथमदत्त्वा प्रतिवचनं गतः। भवत्वेवम्। इममन्यं भणिष्यामि। *(पुनस्तदेव पठति।)* कथमेषोऽपि मामवधीर्य गतः। हा आर्यचारुदत्तस्य विभवे विघटिते एष वर्ते। मन्दभाग्यः। *(एव्वं भोदु। अज्जा क्किणिध मं इमश्श शहिअश हत्थादो दशेहिं शुवण्णकेहिं। किं भणाध- 'किं कलइश्शशि' त्ति। गेहे दे कम्मकले हुविश्शम्। कधं अदइअ पडिवअणं गदे। भेदु एव्वम्। इमं अण्णं भणइस्सम्। कधं एशे वि मं अवधीलिअ गदे। हा अज्जचालुदत्तस्स विहवे विहडिदे एशे वड्ढामि मन्दभाए।)*

माथुर : ननु देहि। *(णं देहि।)*

संवाहक : कुतो दास्यामि। *(इति पतति।)* कुदो दइश्शम्।)

(माथुरः कर्षति।)

संवाहक : आर्याः परित्रायध्वम्। *(अज्जा पलित्ताअध पलित्ताअध।)*
(ततः प्रविशति दर्दुरकः।)

दर्दुरक : भोः द्यूतं हि नाम पुरुषस्यासिंहासनं राज्यम्।

न गणयति पराभवं कुतश्चिद्धरति ददाति च नित्यमर्थजातम्।
नृपतिरिव निकाममायदर्शी विभववता समुपास्यते जनेन।।7।।

अपि च।

द्रव्यं लब्धं द्यूतेनैव दारा मित्रं द्यूतेनैव।
दत्तं भुक्तं द्यूतेनैव सर्वं नष्टं द्यूतेनैव।।8।।

अपि च।

त्रेताहृतसर्वस्वः पावरपतनाच्च शोषितशरीरः।
नर्दितदर्शितमार्गः कटेन विनिपातितो यामि।।9।।

(अग्रतोऽवलोक्य।) अयमस्माकं पूर्वसभिको माथुर इत एवाभिवर्तते। भवतु। अपक्रमितुं न शक्यते। तदवगुण्ठयाम्यात्मानम्। *(बहुविधं नाट्यं कृत्वां स्थितः। उत्तरीयं निरीक्ष्य।)*

अयं पटः सूत्रदरिद्रतां गतो ह्ययं पटच्छिद्रशतैरलंकृतः।
अयं पटः प्रावरितुं न शक्यते ह्ययं पटः संवृत एव शोभते।।10।।

अथवा किमयं तपस्वी करिष्यति। यो हि

पादेनैकेन गगने द्वितीयेन च भूतले।
विष्ठाम्युल्लम्बितस्तावद्यावत्तिष्ठति भास्करः।।11।।

माथुर : दापय दापय। *(दापय दापय।)*

संवाहक : कुतो दास्यामि। *(कुदो दइश्शम्।)*

माथुर : *(कर्षति।)*

दर्दुरक : अये किमेतदग्रतः। *(आकाशे।)* किं भवानाह-अयं द्यूतकरः सभिकेन खलीक्रियते न कश्चिन्मोचयतीति। नन्वयं दर्दुरो मोचयति। *(उपसृत्य।)* अन्तरमन्तरम्। *(दृष्ट्वा।)* अये कथं माथुरो धूर्तः। अयमपि तपस्वी संवाहकः।

यः स्तब्धं दिवसान्तमानतशिरा नास्ते समुल्लम्बितो
यस्योद्घर्षणलोष्टकैरपि सदा पृष्ठे न जातः किणः।
यस्यैतच्च न कुक्कुरैरहरहर्जङ्घान्तरं चर्व्यते
तस्यात्यायतकोमलस्य सततं द्यूतप्रसङ्गेन किम्।।12।।

भवतु। माथुरं तावत्सान्त्वयामि। *(उपगम्य।) माथुर अभिवादये।)*

माथुर : *(प्रत्यभिवादयते।)*

दर्दुरक : किमेतम्।

माथुर : अयं दशसुवर्णं धारयति। *(अअं दशसुवण्णं धालेदि।)*

दर्दुरक : ननु कल्यवर्तमेतत्।

माथुर : *(दर्दुरस्य कक्षातललुण्ठीकृतं पटमाकृष्य।)* भर्तारः पश्यत पश्यत। जर्जरपटप्रावृतोऽयं पुरुषो दशसुवर्णं कल्यवर्तं भणति। *(भट्टा पश्शत पश्शत। जज्जरपडप्पावुदो अअं पुलिसो दशसुवण्णं कल्लवत्तं भणादि।)*

दर्दुरक : अरे मूर्ख नन्वहं दशसुवर्णान्कटकरणेन प्रयच्छामि। तत्किं यस्यास्ति धनं स किं क्रोडे कृत्वा दर्शयति। अरे

दुर्वर्णोऽसि विनष्टोऽसि दशस्वर्णस्य कारणात्।
पञ्चेन्द्रियसमायुक्तो नरो व्यापाद्यते त्वया।।13।।

माथुर : भर्तः तव दशसुवर्णं कल्यवर्तः। ममैष विभवः। *(भट्टा तुए दशसुवण्णु कल्लवत्तु। मए एसु विहवु।)*

दर्दुरक : यद्येवं श्रूयतां तर्हि। अन्यांस्तावद्दश सुवर्णानस्यैव प्रयच्छ। अयमपि द्यूतं शीलयतु।

माथुर : तत्किं भवतु। *(तत्किं भोदु।)*

दर्दुरक : यदि जेष्यति तदा दास्यति।

माथुर : अथ न जयति। *(अह ण जिणदि।)*

दर्दुरक : तदा न दास्यति।

माथुर : अथ न युक्तं जल्पितुम्। एवमाचक्षाणस्त्वं प्रयच्छ धूर्तक। अहमपि नाम माथुरो धूर्तो द्यूतं मिथ्याऽऽदर्शयामि। अन्यस्मादप्यहं न विभेमि। धूर्त खण्डितवृत्तोऽसि त्वम्। *(अह ण जुत्तं जप्पिदुम्। एव्वं अक्खन्तो तुमं पयच्छ धुत्तआ। अहं पि णाम माथुरु धुत्तु जूदं मिच्छा आदंसआमि। अण्णस्स वि अहं ण विभेमि। धुत्ता खण्डिअवुत्ता सि तुम्।)*

दर्दुरक : अरे कः खण्डितवृत्तः।

माथुर : त्वं खलु खण्डितवृत्तः। *(तुमं हु खण्डिअवुत्तो।)*

दर्दुरक : पिता ते खण्डितवृत्तः। *(संवाहकस्यापक्रमितुं संज्ञां ददाति।)*

माथुर : वेश्यापुत्र नन्वेवमेव द्यूतं त्वया सेवितम्। *(गोसाविआपुत्ता णं एव्वं ज्जेव जूदं तुए सेविदम्।)*

दर्दुरक : मयैवं द्यूतमासेवितम्।

माथुर : अरे संवाहक प्रयच्छ तद्दशसुवर्णम्। *(अले संवाहआ पअच्छ तं दशसुवण्णम्।)*

संवाहक : अद्य दास्यामि। तावद्दास्यामि। *(अज्ज दइश्शम्। दाव दइश्शं।)*
(माथुरः कर्षति।)

दर्दुरक : मूर्ख परोक्षे खलीकर्तुं शक्यते न ममाग्रतः खलीकर्तुम्।
(माथुरः संवाहकमाकृष्य घोणायां मुष्टिप्रहारं ददाति। संवाहकः सशोणितं मूर्च्छां नाटयन्भूमौ पतति। दर्दुरक उपसृत्यान्तरयति। माथुरो दर्दुरं ताडयति। दर्दुरो विप्रतीपं ताडयति।)

माथुर : अरे अरे दुष्ट पुंश्चलीपुत्रक फलमपि प्राप्स्यसि। *(अले अले दुट्ठ छिणालिआपुत्तअ फलं पि पाविहसि।)*

दर्दुरक : अरे मूर्ख अहं त्वया मार्गगत एव ताडितः। श्वो यदि राजकुले ताडयिष्यसि तदा द्रक्ष्यसि।

माथुर : एष प्रेक्षिष्ये। *(एसु पेक्खिस्सम्।)*

दर्दुरक : कथं द्रक्ष्यसि।

माथुर : *(प्रसार्य चक्षुषी।)* एवं प्रेक्षिष्ये। *(एव्वं पेक्खिस्सम्।)*
(दर्दुरो माथुरस्य पांशुना चक्षुषी पूरयित्वा संवाहकस्यापक्रमितुं संज्ञां ददाति। माथुरोऽक्षिणी निगृह्य भूमौ पतति। संवाहकोऽपक्रामति।)

दर्दुरक : *(स्वगतम्।)* प्रधानसभिको माथुरो मया विरोधितः। तन्नात्र युज्यते स्थातुम्। कथितं च मम प्रियवयस्येन शर्विलकेन यथा किल आर्यकनामा गोपालदारकः सिद्धादेशेन समादिष्टो राजा भविष्यतीति। सर्वश्चास्मद्विधो जन-स्तमनुसरति। तदहमपि तत्समीपमेव गच्छामि।
(इति निष्क्रान्तः।)

संवाहक : *(सत्रासं परिक्रम्य। दृष्ट्वा।)* एतत्कस्याप्यपावृतपक्षद्वारकं गेहम्। तदत्र प्रविशामि। *(प्रवेशं रूपयित्वा। वसन्तसेनामालोक्य।)* आर्ये शरणागतोऽस्मि। (एशे कश्श वि अपावुदपक्खदुआलके गेहे। ता एत्थ पविशिश्शम्। अज्जे शलणागदे म्हि।

वसन्तसेना : अभयं शरणागतस्य। चेटि पिधेहि पक्षद्वारकम्। *(अभअं सरणागदस्य। हञ्जे ढक्केहि पक्खदुआरअम्।)*
(चेटी तथा करोति।)

वसन्तसेना : कुतस्ते भयम्। *(कुदो दे भअम्।)*

संवाहक : आर्ये धनिकात्। *(अज्जे धणिकादो।)*

वसन्तसेना : चेटि सांप्रतमपावृणु पक्षद्वारकम्। *(हञ्जे संपदं अवावुणु पक्खदुआरअम्।)*

संवाहक : *(आत्मगतम्।)* कथं धनिकात्तुलितमस्या भयकारणम्। सुष्ठु खल्वेवमुच्यते।

> य आत्मबलं ज्ञात्वा भारं तुलितं वहति मनुष्यः।
> तस्य स्खलनं न जायते न च कान्तारगतो विपद्यते।।14।।

अत्र लक्षितोऽस्ति।

(कवं धणिकादो तुलिदं शे भअकालणम्। शुट्ठु क्खु एव्वं वुच्चदि।

जे अत्तबलं जाणिअ भाल तुलिदं वहेइ माणुस्से।
ताह खलणं ण जाअदि ण अ कन्तालगदो विवज्जदि।।

एत्थ लक्खिदोम्हि।)

माथुर : *(अक्षिणी प्रमृज्य। द्यूतकरं प्रति।)* अरे देहि देहि। *(अले देहि देहि।)*

द्यूतकर : भर्तः यावदेव वयं दर्दुरेण कलहायितास्तावदेव स पुरुषोऽपक्रान्तः। *(भट्ठा जावदेव अम्हे दद्दुरेण कलहाविदा तावदेव सो गोहो अवक्कन्तो।)*

माथुर : तस्य द्यूतकरस्य मुष्टिप्रहारेण नासिका भग्नाऽऽसीत्। तदेहि। रुधिरपथमनुसरावः। *(तस्स जूदकलस्स मुट्ठिप्पहालेण णासिका भग्गा आसि। ता एहि। रुहिरपहं अणुसरेम्ह।)*
(अनुसृत्य।)

द्यूतकर : भर्तः वसन्तसेनागृहं प्रविष्टः सः। *(भट्टा वसन्तसेणागेहं पविट्ठो सो।)*

माथुर : भूतानि सुवर्णनि। *(भूदाइं सुवण्णइं।)*

द्यूतकर : राजकुलं गत्वा निवेदयावः। *(लाअउलं गदुअ णिवेदेम्ह।)*

माथुर : एष धूर्तोऽतो निष्क्रम्यान्यत्र गमिष्यति। तदुपरोधेनैव गृह्णीवः। *(एसो धुत्तो अदो णिक्कमिअ अण्णत्त गमिस्सदि। ता उअरोधेणेव्व गण्हेम्ह।)*

वसन्तसेना : *(मदनिकायाः संज्ञां ददाति।)*

मदनिका : कुत आर्यः। को वाऽऽर्यः। कस्य वाऽऽर्यः। कां वा वृत्तिमार्य उपजीवति। कुतो वा भयम्। *(कुदो अज्जो। को वा अज्जो। कस्स वा अज्जो। कं वा वित्तिं अज्जो उवजीअदि। कुदो वा भअम्।)*

संवाहक : श्रृणोत्वार्या। आर्ये पाटलिपुत्रं मे जन्मभूमिः। गृहपतिदारकोऽहम्। संवाहकस्य वृत्तिमुपजीवामि। (शुणादु अज्जआ। अज्जए पाडलिउत्ते मे जम्मभूमी। गहवइदालके हग्गे। संवाहअश्श वित्तिं उवजीआमि।

वसन्तसेना : सुकुमारा खलु कला शिक्षिताऽऽर्येण। *(सुउमारा क्खु कला सिक्खिदा अज्जेण।)*

संवाहक : आर्ये कलेति शिक्षिता। आजीविकेदानीं संवृत्ता। *(अज्जए कलेत्ति शिक्खिदा। आजीविआ दाणिं सवुत्ता।)*

चेटी : अतिनिर्विण्णमार्येण दत्तम्। ततस्ततः। *(अदिणिव्विण्णं अज्जेण पडिवअणं दिण्णम्। तदो तदो।)*

संवाहक : तत आर्ये एष निजगेह आहिण्डकानां मुखाच्छुत्वाऽपूर्वदेशदर्शन-कुतूहलेनेहागतः। इहापि मया प्रविष्योज्जयिनीमेक आर्यः शुश्रूषितः।

यस्तादृशः प्रियदर्शनः प्रियवादी दत्वा न कीर्तयत्यपकृतं विस्मरति। किं बहुना प्रलपितेन। दक्षिणतया परकीयमिवात्मानमवगच्छति शरणागतवत्सलश्च। *(तदो अज्जए एशे णिजगेहे अहिण्डकाणं मुहादो शुणिअ अपुव्वदेशदंशणकुदूहलेण इह आगदे। इह वि मए पविशिअ उज्जइणिं एक्के अज्जे शुश्शूशिदे। जे तालिशे पिअदंशणे पिअवादी दइअ ण कित्तेदि अवकिदं विशुमलेदि। किं बहुणा पलन्तेण। दक्खिणदाए पलकेलअं विअ अत्ताणअं अवगच्छदि शलणागअवच्छले अ।)*

चेटी : क इदानीमार्यया मनोरथान्तरस्य गुणांश्चोरयित्वोज्जयिनीमलंकरोति। *(को दाणिं अज्जआए मणोरहन्तरस्स गुणाइं चोरिअ उज्जइणिं अलंकरेदि।)*

वसन्तसेना : साधु चेटि साधु। मयाऽप्येवमेव हृदयेन मन्त्रितम्। *(साहु हञ्जे साहु। मए वि एव्वं ज्जेव्व हिअएण मन्तिदम्।)*

चेटी : आर्य ततस्ततः। *(अज्ज तदो तदो।)*

संवाहक : आर्ये स इदानीमनुक्रोशकृतैः प्रदानैः— *(अज्जए शे दाणिं अणुक्कोश-किदेहिं पदाणेहिं—)*

वसन्तसेना : किमुपरतविभवः संवृत्तः। *(किं उवरदविहवो संवुत्तो।)*

संवाहक : अनाख्यातमेव कथमार्यया विज्ञातम्। *(अणाजक्खिदे ज्जेव्व कधं अज्जआए विण्णादम्।)*

वसन्तसेना : किमत्र ज्ञायते। दुर्लभा गुणा विभवाश्च। अपेयेषु तडागेषु बहुतरमुदक भवति। *(किं एत्थ जाणीअदि। दुल्लहा गुणा विहवा अ। अपेएसु तडाएसु बहुदरं उदअं भोदि।)*

चेटी : आर्य किंनामधेयः खलु सः। *(अज्ज किंणामधेओ क्खु सो।)*

संवाहक : आर्ये क इदानीं तस्य भूतलगृगाङ्कस्य नाम न जानाति। स खलु श्रेष्ठिचत्वरे प्रतिवसति। श्लाघनीयनामधेय आर्यचारुदत्तो नाम। *(अज्जे के दाणिं तश्श भूदलमिअङ्कस्स णामं ण जाणादि। शो क्खु शेट्ठिचत्तले। पडिवशदि। शलाहणिज्जणामधेए अज्जचालुदत्ते णाम।)*

वसन्तसेना : *(सहर्षमासनादवतीर्य।)* आर्यस्यात्मीयमेतद्गेहम्। चेटि देह्यस्यासनम्। तालवृन्तकं गृहाण। परिश्रम आर्यस्य बाधते। *(अज्जस्स अत्तणकेरकं एदं गेहम्। अञ्जे देहि से आसणम्। तालवेण्ठअं गेण्ह। परिस्समो अज्जस्स बाधेदि।)*

(चेटी तथा करोति।)

संवाहक : *(स्वगतम्।)* कथमार्यचारुदत्तस्य नामसंकीर्तनेनेदृशो म आदरः। साधु आर्यचारुदत्त साधु। पृथिव्यां त्वमेको जीवसि। शेषः पुनर्जनः श्वसिति। *(इति पादयोर्निपत्य।)* भवत्वार्ये भवतु। आसने निषीदत्वार्या। (कधं अज्जचालुदत्तस्स णामशंकीत्तणेण ईदिशे मे आदले। शाहु अज्जचालुदत्त

शाहु। पुहवीए तुमं एक्के जीवशि। शेशे उण जने शशदि। भोदु अज्जए भोदु। आशणे णिशीददु अज्जआ।

वसन्तसेना : *(आसने समुपविश्य।)* आर्य कुतः स धनिकः। *(अज्ज कुदो सो धणिओ।)*

संवाहक : सत्कारधनः खलु सज्जनः कस्य न भवति चलाचलं धनम्।
यः पूजयितुमपि जानाति स पूजाविशेषमपि जानाति।।15।।
(शक्कालधण क्खु शज्जणे काह ण होइ चलाचले धणे।
जे पूइदुं पि आणादि शे पूआविशेशं पि आणादि।।)

वसन्तसेना : ततस्ततः। तदो तदो।)

संवाहक : ततस्तेनार्येण सवृत्तिः परिचारकः कृतोऽस्मि। चारित्र्यावशेषे च तस्मिन्द्यूतोपजीव्यस्मि सवृत्तः। ततो भागधेयविषमतया दशसुवर्ण द्यूते हारितम्। *(तदो तेण अज्जेण शवित्ती पलिचालके किदो ह्मि। चालित्तावशेशे अ तश्शिं जूदोवजीवि ह्मि शंउत्ते। तदो भाअधेअविशमदाए दशशुवण्णअं जूदे हालिदम्।)*

माथुर : उत्सादितोऽस्मि। मुषितोऽस्मि। *(उच्छादिदो ह्मि। मुसिदो ह्मि।)*

संवाहक : एतौ तौ सभिकद्यूकरौ मामनुसंधत्तः। सांप्रतं श्रुत्वाऽऽर्या प्रमाणम्। *(एदे दे शहिअजूदिअला मं अणुशंधअन्ति। शंपदं शुणिअ अज्जआ पमाणम्)*

वसन्तसेना : मदनिके वासपादपविसंष्ठुलतया पक्षिण इतस्ततोऽप्याहिण्ड्न्ते। चेटि तद्गच्छ। एतयोः सभिकद्यूतकरयोरयमार्य एव प्रतिपादयतीति इदं हस्ताभरणकं त्वं देहि। *(इति हस्तात्कटकमाकृष्य चेट्याः प्रयच्छति।)(मदणिए वासपादवविसंठुलदाए पक्खिणो इदो तदो वि आहिण्डन्ति। हञ्जे ता गच्छ। एदाणं सहिअजूदिअराणं अअं अज्जो ज्जेव पडिवादेदि त्ति इमं इत्थभरणअं तुमं देहि।)*

चेटी : *(गृहीत्वा।)* यदार्याऽऽज्ञापयति। *(इति निष्क्रान्ता।)* जं अज्जआ आणवेदि।)

माथुर : उत्सादितोऽस्मि मुषितोऽस्मि। *(उच्छादिदो म्हि। मुसिदो म्हि।)*

चेटी : यथैतावूर्ध्वं प्रेक्षेते दीर्घं निश्वसितो विचारयतश्चाभिलपतश्च द्वारनिहितलोचनौ तथा तर्कयाम्येतौ तौ सभिकद्यूतकरौ भविष्यतः। *(उपगम्य।)* आर्यं वन्दे। (जधा एदे उद्धं पेक्खन्ति दीहं णीससन्ति विसूरअन्ति अ अहिलहन्ति अ दुआरणिहिदलोअणा तधा तक्केमि एदे दे सहिअजूदिअरा हुविस्सन्ति। अज्ज वन्दामि।

माथुर : सुखं तव भवतु। *(सुहं तुए होदु।)*

चेटी : आर्य कतरो युवयोः सभिकः। *(अज्ज कदमो तुम्हाणं सहिओ।)*

माथुर : कस्य त्वं तनुमध्ये अधरेण रतदष्टदुर्विनीतेन।
जल्पसि मनोहरवचनमालोकयन्ती कटाक्षेण।।16।।

नास्ति मम विभवः। अन्यत्र व्रज।
(कस्स तुहं तणुमज्झे अहरेण रददट्ठदुव्विणीदेण।
जम्पसि मणहलवअणं आलोअन्ती कडक्खेण।।
णत्थ मम विहवो। अण्णत्त व्वज।)

चेटी : यदीदृशानि ननु मन्त्रयसे तदा न भवसि द्यूतकरः। अस्ति कोऽपि युष्माकं धारकः। (जइ ईदिसाइं णं मन्तेसि ता ण होसि जूदिअरो। अत्थि को वि तुम्हाणं धारओ।

माथुर : अस्ति। दशसुवर्णं धारयति। किं तस्य। *(अत्थि। दशसुअण्णं धालेदि। किं तस्स।)*

चेटी : तस्य कारणादार्येदं हस्ताभरणं प्रतिपादयति। न हि न हि। स एव प्रतिपादयति। *(तस्स कारणादो अज्जआ इमं हत्थभरणं पडिवादेदि। ण हि ण हि। सो ज्जेव पडिवादेहि।)*

माथुर : *(सहर्षं गृहीत्वा।)* अरे भणसि तं कुलपुत्रम्-भूतस्तव गण्डः। आगच्छ। पुनर्द्यूतं रमस्व। (अले भणेशि तं कुलवुत्तम्- भूदं तुए गण्डे। आअच्छ। पुणो जूदं रमह।
(इति निष्क्रान्तौ।)

चेटी : *(वसन्तसेनामुपसृत्य।)* आर्ये परितुष्टौ गतौ सभिकद्यूतकरौ। *(अज्जए पडितुट्ठा गदा सहिअजूदिअरा।)*

वसन्तसेना : तद्गच्छत्वार्यो बन्धुजनं समाश्वासयितुम्। *(ता गच्छदु अज्जो बन्धुअणं समस्सासिदुं।)*

संवाहक : आर्ये यद्येवं तदियं कला परिजनहस्तगता क्रियताम्। *(अज्जए जइ एव्वं ता इअं कला पलिअणहत्थगदा कलीअदु।)*

वसन्तसेना : आर्य यस्य कारणादियं कला शिक्ष्यते स एवार्येण शुश्रूषितपूर्वः शुश्रूषितव्यः। *(अज्ज जस्स कारणदो इअं कला सिक्खीअदि सो ज्जेव अज्जेण सुस्सूसिदपुरुव्वो सुस्सूसिदव्वो।)*

संवाहक : *(स्वगतम्)* आर्यया निपुणं प्रत्यादिष्टोऽस्मि। कथं प्रत्युपकरिष्ये। *(प्रकाशम्।)* आर्ये अहमेतेन द्यूतकरापमानेन शाक्यश्रमणको भविष्यामि। तत्संवाहको द्यूतकरः शाक्यश्रमणकः संवृत्त इति स्मर्त-व्यान्यार्य-यैतान्यक्षराणि। *(अज्जआए णिउअं पच्चादिट्ठो म्हि। कधं पच्चुवक-लिश्शम्। अजजए अहं एदिणा जूदिअलावमाणेण शक्काशमणके हुविश्शम्। ता संवाहके जूदिअले शक्कशमणके शंवुत्तेत्ति शुमलिदव्वा अज्जआए एदे अक्खलु।)*

वसन्तसेना : आर्य अलं साहसेन। *(अज्ज अलं साहसेण।)*

संवाहक : आर्ये कृतो निश्चयः। *(इति परिक्रम्य।)*

द्यूतेन तत्कृतं मम यद्विहस्तं जनस्य सर्वस्य।
इदानीं प्रकटशीर्षो नरेन्द्रमार्गेण विहरिष्यामि।।17।।

(अज्जए कले णिच्चए।)

जूदेण तं कदं मे जं वीहत्थं जणश्श शव्वश्श।
एण्हि पाअडशीशे णलिन्दमग्गेण विहलिश्शम्।।)

(नेपथ्ये कलकलः)

संवाहक : *(आकर्ण्य।)* अरे किं न्विदम्। *(आकाशे।)* किं भणथ-एष खलु वसन्तसेनायाः खुण्टमोडको नाम दुष्टहस्ती विचरतीति। अहो आर्याया गन्धगजं प्रेक्षिष्ये गत्वा। अथ वा किं ममैतेन। यथाव्यवसितमनुष्ठास्यामि। *(इति निष्क्रान्तः।) (अले किं ण्णेदम्। किं भणाध-एशे क्खु वशन्तशेणआए खुण्टमोडके णाम दुट्टहथी विअलेदि त्ति। अहो अज्जआए गन्धगअं पेक्खिश्शं गदुअ। अह वा किं मम एदिणा। जधाववशिदं अणुचिट्ठिश्शम्।)*

(ततः प्रतिशत्यपटीक्षेपेण प्रहृष्टो विकटोज्जलवेषः कर्णपूरकः।)

कर्णपूरक : कुत्र कुत्रार्या। *(कहिं कहिं अज्जआ।)*

चेटी : दुर्मनुष्य किं त उद्वेगकारणं यदग्रतोऽवस्थितामार्यां न प्रेक्षसे। *(दुम्मणुस्स किं ते उव्वेअकालणं जं अग्गदो वट्ठिदं अज्जअं ण पेक्ख सि।)*

कर्णपूरक : *(दृष्ट्वा।)* आर्ये वन्दे। *(अज्जए वन्दामि।)*

वसन्तसेना : कर्णपूरक परितुष्टमुखो लक्ष्यसे। तत्किं न्विदम्। *(कण्णऊरअ परितुट्टमुहो लक्खीअसि। ता किं ण्णेदम्।)*

कर्णपूरक : *(सविस्मयम्।)* आर्ये वञ्चिताऽसि ययाऽद्य कर्णपूरकस्य पराक्रमो न दृष्टः। *(अज्जए वञ्चिदासि जाए अज्ज कण्णऊरअस्स परक्कमो ण दिट्ठो।)*

वसन्तसेना : कर्णपूरक किं किम्। *(कण्णऊरअ किं किम्।)*

कर्णपूरक : श्रृणोत्वार्या। यः स आर्यायाः खुण्टमोडको नाम दुष्टहस्ती स आलानस्तम्भं भङ्क्त्वा महामात्रं व्यापाद्य महन्तं संक्षोभं कुर्वन्राजमार्गमवतीर्णः। ततोऽत्रान्तरे उद्घुष्टं जनेन—

'अपनयत बालकजनं त्वरितमारोहत वृक्षप्रासादम्।
किं न खलु प्रेक्षध्वं पुरतो दुष्टो हस्तीत एति'।।18।।

अपि च।

'विचलति नूपूरयुगलं छिद्यन्ते च मेखला मणिखचिताः।
वलयाश्च सुन्दरतरा रत्नाङ्कुरजालप्रतिबद्धाः'।।19।।

ततस्तेन दुष्टहस्तिना करचरणरदनैः फुल्लनलिनीमिव नगरीमुज्जयिनीमवगाहमानेन समासादितः परिव्राजकः। तं च परिभ्रष्टदण्डकुण्डिकाभाजनं शीकरैः सिक्त्वा दन्तान्तरे क्षिप्तं प्रेक्ष्य पुनरप्युद्घुष्टं जनेन-हा परिव्राजको व्यापाद्यत इति। (सुणादु अज्जआ। जो सो अज्जआए खुण्ठमोडओ शाम दुट्टहत्थी सो आलाणत्थम्भ भञ्जिअ महमेत्थं वावादिअ महन्तं संखोहं करन्तो राअमग्गं ओदिण्णो। तदो एत्थन्तरे उग्घुट्टं जणेण–

'अवणेध बालअजणं तुरिदं आरुहध वुक्खपासादम्।
किं ण हु पेक्खध पुरदो दुट्ठो हत्थी इदो एदि'।।

अपि च।

'विचलइ णेउरजुअलं छिज्जन्ति अ मेहला मणिक्खइआ।
वलआ अ सुन्दरदरा रअणङ्कुरजालपडिबद्धा'।।

तदो तेण दुट्टहत्थिणा कलचलणरदणेहिं फुल्लणलिणिं विअ णअरिं उज्जइणिं अवगाहमाणेण समासादिदो परिव्वाजओ। तं च परिब्भट्ट-दण्डकुण्डिआभाअणं सीअरेहिं सिञ्चिअ दन्तन्तरे क्खित्तं पेक्खिअ पुणो वि उग्घुट्टं जणेण– हा परिव्वाजओ वावादीअदि त्ति।)

वसन्तसेना : *(ससंभ्रमम्।)* अहो प्रमादः। अहो प्रमादः। (अहो पमादो। अहो पमादो।

कर्णपूरक : अलं संभ्रमेण। शृणोतु तावदार्या। ततो विच्छिन्न विसंष्ठुल-शृङ्खलाकलापमुद्वहन्तं दन्तान्तरपरिगृहीतं परिव्राजकमुद्वहन्तं तं प्रेक्ष्य कर्णपूरकेण मया-न हि न हि। आर्याया अत्रपिण्डपुष्टेन दासेन-वामचरणेन द्यूतलेखकं उद्घुष्योयुष्य त्वरितमापणाल्लोहदण्डं गृहीत्वाऽऽकारितः स दुष्टहस्ती। *(अलं संभमेण। सुणादु दाव अज्जआ। तदो विच्छिण्णविसंटुलसिङ्ख-लाकलावअं उव्वहन्तं दन्तन्तरपरिग्गहिदं परिव्वाजअं उव्वहन्तं तं पेक्खिअ कण्णऊरएण मए।– ण हि ण हि। अज्जआए अण्णपिण्डउट्ठेण दासेण-वामचलणेण जूदलेक्खअं उग्घुसिअ उग्घुसिअ तुरिदं आवणादो लोहदण्डं गेण्हिअ आआरिदो सो दुट्टहत्थी।)*

वसन्तसेना : ततस्ततः। *(तदो तदो।)*

कर्णपूरक :
आहत्य सरोषं तं हस्तिनं विन्ध्यशैलशिखराभम्।
मोचितो मया स दन्तान्तरसंस्थितः परिव्रजाकः।।20।।

*(आहणिऊण सरोसं तं हत्थिं विञ्झसैलसिहराभम्।
मोआविओ मए सो दन्तन्तरसंठिओ परिव्वाजवो।)*

वसन्तसेना : सुष्ठु त्वया कृतम्। ततस्ततः। *(सुट्ठु दे किदम्। तदो तदो।)*

कर्णपूरक : तत आर्ये साधु रे कर्णपूरक साधु इत्येतावन्मात्रं भणन्ती विशमभराक्रान्ता इव नौरिकतः पर्यस्ता सकलोज्जयिन्यासीत्। तत आर्ये एकेन भून्यान्याभरणस्थानानि परामृश्योर्ध्वं प्रेक्ष्य दीर्घं निःश्वस्यायं प्रावारको ममोपरि क्षिप्तः। *(तदो अज्जए साहु रे कण्णऊरअ साहु त्ति एत्तिअमेत्तं भणन्ती विसमभरक्कन्ता विअ णावा एक्कदो पल्हत्था सअला उज्जइणी आसि। तदो अज्जए एक्केण सुण्णइं आहरणट्ठाणइं परामसिअ उद्धं पेक्खिअ दीहं णीससिअ अअं पावारओ मम उवरि क्खित्तो।)*

वसन्तसेना : कर्णपूरक जानीहि तावत्किमेष जाती कुसुमवासितः प्रावारको न वेति। *(कण्णऊरअ जाणीहि दाव किं एसो जादीकुसुमवासिदो पावारओ ण वेत्ति।)*

कर्णपूरक : आर्ये मदगन्धेन सुष्ठु तं गन्धं न जानामि। *(अज्जए मदगन्धेण सुट्ठु तं गन्धं ण जाणामि।)*

वसन्तसेना : नामापि तावत्प्रेक्षस्व। *(णामं पि दाव पेक्ख।)*

कर्णपूरक : इदं नाम। आर्यैव वाचयतु। *(इति प्रावारकमुपनयति।)* इमं णामं। अज्जआ एव्व वाएदु।)

वसन्तसेना : आर्यचारुदत्तस्य। *(इति वाचयित्वा सस्पृहं गृहीत्वा प्रावृणोति। (अज्जचारुदत्तस्य।)*

चेटी : कर्णपूरक शोभत आर्यायाः प्रावारकः। *(कण्णऊरअ सोहदि अज्जआए पावारओ।)*

कर्णपूरक : आं शोभत आर्यायाः प्रावारकः। आं सोहदि अज्जआए पावारओ।)

वसन्तसेना : कर्णपूरक इदं ते पारितोषिकम्। *(इत्याभरणं प्रयच्छति।) (कण्णऊरअ* इदं दे *पारितोसिअम्।)*

कर्णपूरक : *(शिरसा गृहीत्वा प्रणम्य च।)* सांप्रतं सुष्ठु शोभत आर्याया प्रावारकः। *(संपदं सुट्ठु सोहदि अज्जआए पावारओ।)*

वसन्तसेना : कर्णपूरक एतस्यां वेलायां कुत्रार्यचारुदत्तः। *(कण्णऊरअ एदाए वेलाए कहिं अज्जचारुदत्तो।)*

कर्णपूरक : एतेनैव मार्गेण प्रवृत्तो गन्तुं गेहम्। *(एदेण ज्जेव मग्गेन पवुत्तो गन्तुं गेहम्।)*

वसन्तसेना : चेटि उपरितनमलिन्दकमारुह्यार्यचारुदत्तं पश्यामः। *(हञ्जे उवरिदणं अलिण्दअं आरुहिअ अज्जचारुदत्तं पेक्खेम्ह।)*
(इति निष्क्रान्ताः सर्वे।)

(इति द्यूतकरसंवाहको नाम द्वितीयोऽङ्कः।)

तृतीयऽङ्कः

(ततः प्रविशति चेटः।)

चेट : सुजनः खलु भृत्यानुकम्पकः स्वामी निर्धनकोऽपि शोभते।
पिशुनः पुनर्द्रव्यगर्वितो दुष्करः खलु परिणामदारुणः।।1।।

अपि च।

सस्यलम्पटबलीवर्दो न शक्यो वारयितु-
मन्यकलत्रप्रसक्तो न शक्यो वारयितुम्।
द्यूतप्रसक्तमनुष्यो न शक्यो वारयितुं
योऽपि स्वाभाविकदोषो न शक्यो वारयितुम्।।2।।

(सुअणे क्खु भिच्चाणुकम्पके शामिए णिद्धणके वि शोहदि।
पिशुणे उण दव्वगव्विदे दुक्कले क्खु पलिणामदालुणे।।

अपि च।

शश्शपलक्कबलद्दे ण शक्कि वालिदुं अण्णकलत्तपशत्ते ण शक्कि वलिदुम्।
जूदपशत्तमणुश्शे ण शक्कि वालिदुं जे वि शहाविअदोशे ण शक्कि वालिदुम्।।)

काऽपि वेलाऽऽर्यचारुदत्तस्य गान्धर्वं श्रोतुं गतस्य। अतिक्रामत्यर्धरजनी। अद्यापि नागच्छति। तद्यावद्बहिर्द्वारशालायां गत्वा स्वप्स्यामि। *(इति तथा करोति।) (का वि वेला अज्जचारुदत्तश्श गन्धव्वं शुणिदुं गदश्श । अदिक्कमदि अद्धलअणी। अज्जविण आअच्छदि। ता जाव बाहिलदुआलशालाए गदुअ शुविश्शम्।)*
(ततः प्रविशति चारुदत्तो विदूषकश्च।)

चारुदत्त : अहो साधु साधु रेभिलेन गीतम्। वीणा हि नामासमुद्रोत्थित रत्नम्। कुतः।

उत्कण्ठितस्य हृदयानुगुणा वयस्या
संकेतके चिरयति प्रवरो विनोदः।
संस्थापना प्रियतमा विरहातुराणां
रक्तस्य रागपरिवृद्धिकरः प्रमोदः।।3।।

विदूषक : भो एहि। गृहं गच्छावः। *(भो एहि। गेहं गच्छेम्ह।)*

चारुदत्त : अहो सुष्ठु भावरेभिलेन गीतम्।

विदूषक : मम तावद्द्वाभ्यामेव हास्यं जायते। स्त्रिया संस्कृतं पठन्त्या मनुष्येण च काकलीं गायता। स्त्री तावत्संस्कृतं पठन्ती दत्तनवनस्येव गृष्टिरधिकं सूसूशब्दं करोति। मनुष्योऽपि काकलीं गायञ्शुष्कसुमनोदामवेष्टितो वृद्धपुरोहित इव मन्त्रं जपन्दृढं मे न रोचते। *(मम दाव दुवेहिं ज्जेव्व हस्सं जाअदि। इत्थिआए सक्कअं पठन्तीए मणुस्सेण अ काअलीं गाअन्तेण। इत्थिआ दाव सक्कअं पठन्ती दिण्णणवणस्या विअ गिठ्ठी अहिअं सुसुआअदि। मणुस्सो वि काअलीं गाअन्तो सुक्खसुमणोदामवेट्टिदो बुढ्डपुरोहिदो विअ मन्तं जवन्तो दिढं मे ण रोअदि।)*

चारुदत्त : वयस्य सुष्ठु खल्वद्य गीतं भावरेभिलेन। न च भवान्परितुष्टः।

रक्तं च नाम मधुरं च समं स्फुटं च
आभविन्वतं च ललितं च मनोहरं च।
किं वा प्रशस्तवचनैर्बहुभिर्मदुक्तै-
रन्तर्हिता यदि भवेद्वनितेति मन्ये।।4।।

अपि च।

तं तस्य स्वरसंक्रमं मृदुगिरः श्लिष्टं तन्त्रीस्वनं
वर्णानामपि मूर्छनान्तरगतं तारं विरामे मृदुम्।
हेलासंयमितं पुनश्च ललितं रागद्विरुच्चारित
यत्सत्यं विरतेऽपि गीतसमये गच्छामि शृण्वन्निव।।5।।

विदूषक : भो वयस्य आपणान्तररथ्याविभागेषु सुखं कुक्कुरा अपि सुप्ताः। तद्गृहं गच्छावः। *(अग्रतोऽवलोक्य।)* वयस्य पश्य पश्य। एषोऽप्यन्धकारस्येवावकाशं ददद‌न्तरिक्षप्रासादादवतरति भगवांश्चन्द्रः। *(भो वअस्य आवणन्तररच्छाविहाएसु सुहं कुक्कुरा वि सुत्ता। ता गेहं गच्छेम्ह। वअस्स पेक्ख। एसो वि अन्धआरस्स विअ अवआसं देन्तो अन्तरिक्खपासादादो ओदरदि भअवं चन्दो।)*

चारुदत्त : सम्यागाह भवान्।

असौ हि दत्त्वा तिमिरावकाशमस्तं व्रजत्युन्नतकोटिरिन्दुः।
जलावगाढस्य वनद्विपस्य तीक्ष्णं विषाणाग्रमिवावशिष्टम्।।6।।

विदूषक : भो इदमस्माकं गेहम्। वर्धमानक वर्धमानक उद्घाटय द्वारम्। *(भो एदं अम्हाणं गेहम्। वड्ढमाणअ वड्ढमाणअ उग्घाटेहि दुआरअम्।)*

चेट : आर्यमैत्रेयस्य स्वरसंयोगः श्रूयते। आगत आर्यचारुदत्तः। तद्यावद्द्वारमस्योद्घाटयामि। *(तथा कृत्वा।)* आर्य वन्दे। मैत्रेय त्वामपि वन्दे। अत्र विस्तीर्ण आसने निषीदतमार्यौ। *(अज्जमित्तेआह शलशंजोए शुणीअदि। आगदे अज्जचालूदत्ते। ता जाव दुआलअं शे उघ्घाटेमि। अज्ज वन्दामि। मित्तेअ तुमं पि वन्दामि। एत्थ वित्थण्णे आशणे णिशीदन्तु अज्जा।)*

(उभौ नाट्येन प्रविश्योपविशतः।)

विदूषक : वर्धमानक रदनिकामाकारय पादौ धावितुम्। *(वड्ढमाणअ रअणिअं सद्दावेहि पादाई धोइदुम्।)*

चारुदत्त : *(सानुकम्पम्।)* अलं सुप्तजनं प्रबोधयितुम्।

चेट : आर्य मैत्रेय अहं पानीयं गृह्णामि। त्वं पादौ धाव। *(अज्ज मित्तेअ अहं पाणिअं गेण्हे। तुमं पादाइं धोवेहि।)*

विदूषक : *(सक्रोधम्।)* भो वयस्य एष इदानीं दास्याः पुत्रो भूत्वा पानीयं गृह्णाति। मां पुनर्ब्राह्मणं पादौ धावयति। *(भो वअस्य एसो दाणिं दासीएपुत्तो भविअ पाणिअं गेण्हेदि। मं उण बम्हणं पादाइं धोवावेदि।)*

चारुदत्त : वयस्य मैत्रेय त्वमुदकं गृहाण। वर्धमानकः पादौ प्रक्षालयतु।

चेट : आर्य मैत्रेय देह्युदकम्। *(अज्ज मित्तेअ देहि उदअम्।)*

(विदूषकस्तथा करोति। चेटश्चारुदत्तस्य पादौ प्रक्षाल्यापसरति।)

चारुदत्त : दीयतां ब्राह्मणस्य पादोदकम्।

विदूषक : किं मम पादोदकैः। भूम्यामेव मया ताडितगर्दभेनेव पूनरपि लोठितव्यम्। *(किं मम पादोदएहिं। भूमीए ज्जेव मए ताडिदंगद्दहेण विअ पुणो वि लोट्टिदव्यम्।)*

चेट : आर्य मैत्रेय ब्राह्मणः खलु त्वम्। *(अज्ज मित्तेअ बम्हणे क्खु तुमम्।)*

विदूषक : यथा सर्वनागानां मध्ये डुण्डुभस्तथा सर्वब्राह्मणानां मध्येऽहं ब्राह्मणः। *(जधा सव्वणागाणं मज्झे डुण्डुहो तथा सव्वबम्हणाणं मज्झे अहं बम्हणो।)*

चेट : आर्य मैत्रेय तथाऽपि धावष्यामि। *(तथा कृत्वा।)* आर्य मैत्रेय एतत्तत्सुवर्णभाण्डं मम दिवा तव रात्रौ च। तद्गृहाण। *(इति दत्त्वा निष्क्रान्तः।)* *(अज्ज मित्तेअ तधा वि धोइश्शम्। अज्ज मित्तअ एदं तं शुवण्णभण्डअं मम दिवा तुह लत्तिं च। ता गेण्ह।)*

विदूषक : *(गृहीत्वा।)* अद्याप्येतत्तिष्ठति। किमत्रोज्जयिन्यां चौरोऽपि नास्ति य एतं दास्याःपुत्रं निद्राचौरं नापहरति। भो वयस्य अभ्यन्तरचतुःशालकं 'प्रवेशयाम्येनम्। *(अज्ज वि एदं चिट्ठदि। किं एत्थ उज्जइणीएचोरी वि णत्थि जो एदं दासीएपुत्तं णिद्दाचोरं ण अवहरदि। भो वअस्स अब्भन्तरचतुस्सालअं पवेसआमि णम्।)*

चारुदत्त : अलं चतुःशलमिमं प्रवेश्य प्रकाशनारीधृत एष यस्मात्।
तस्मात्स्वयं धारय विप्र तावद्यावन्न तस्याः खलु भोः समर्प्यते।।7।।

(निद्रां नाटयन् 'तं तस्य स्वरसंक्रमं-' (3/5) इत्यादि पुनः पठति।)

विदूषक : अपि निद्राति भवान्। *(अति णिद्दाअदि भवम्।)*

चारुदत्त : अथ किम्।

इयं हि निद्रा नयनावलम्बिनी ललाटदेशादुपसर्पतीव माम्।
अदृश्यरूपा चपला जरेव या मनुष्यसत्त्वं परिभूय वर्धते।।8।।

विदूषक : तत्स्वपिवः। *(नाटधेन स्वपिति।)* *(ता सुवेम्ह।)*
(ततः प्रविशति शर्विलकः।)

शर्विलक : कृत्वा शरीरपरिणाहसुखप्रवेशं
शिक्षाबलेन च बलेन च कर्ममार्गम्।
गच्छामि भूमिपरिसर्पणघष्टपार्श्वो
निर्मुच्यमान इव जीर्णतनुर्भुजङ्गः।।9।।

(निभोऽवलोक्य। सहर्षम्।) अये कथमस्तमुपगच्छति स भवान्मृगाङ्कः। तथा हि।

नृपतिपुरुषशङ्कितप्रचारं परगृहदूषणनिश्चितैकवीरम्।
घनतिमिरनिरुद्धसर्वभावा रजनिरियं जननीव संवृणोति।।10।।

वृक्षावाटिकापरिसरे संधिं कृत्वा प्रविष्टोऽस्मि मध्यमकम्। तद्यावदिदानीं चतुःशालकमपि दूषयामि। भोः।

कामं नीचमिदं वदन्तु पुरुषाः स्वप्ने च यद्वर्धते
विश्वस्तेषु च वञ्चनापरिभवश्चौर्यं न शौर्यं हि तत्।
स्वाधीना वचनीयताऽपि हि वरं बद्धो न सेवाञ्जलि-
र्मार्गो ह्येष नरेन्द्रसौप्तिकवधे पूर्वं कृतो द्रौणिना।।11।।

तत्कस्मिन्नुद्देशे संधिमुत्पादयामि।

देशः को नु जलावसेकशिथिलो यस्मिन्न शब्दो भवे-
द्भित्तीनां च न दर्शनान्तरगतः संधिः। करालो भवेत्।

क्षारक्षीणतया च लोष्टककृशं जीर्णं क्व हर्म्यं भवे-
त्कस्मिन्स्त्रीजनदर्शनं च न भवेत्स्यादर्थसिद्धिश्च मे।।12।।

(भित्तिं परामृश्य।) नित्यादित्यदर्शनोदकसेचनेन दूषितेयं भूमिः क्षारक्षीणा। मूषिकोत्करश्चेह। हन्त सिद्धोऽयमर्थः। प्रथममेतत्स्कन्दपुत्राणां सिद्धिलक्षणम्। अत्र कर्मप्रारम्भे कीदृशमिदानीं संधिमुत्पादयामि। इह खलु भगवता कनकशक्तिना चतुर्विधः संध्युपायो दर्शितः। तद्यथा-पक्वेष्टकानामाकर्षणमामेष्टकानां छेदनं पिण्डमयानां सेचनं काष्ठमयानां पाटनमिति। तदत्र पक्वेष्टक इष्टकाकर्षणम्। तत्र

पद्मक्ष्याकोशं भास्करं बालचन्द्रं
वापी विस्तीर्णं स्वस्तिकं पूर्णकुम्भम्।
तत्कस्मिन्देशे दर्शयाम्यात्मशिल्पं
दृष्ट्वा श्वो यं यद्विस्मयं यान्ति पौराः।।13।।

तदत्र पक्वेष्टके पूर्णकुम्भ एव शोभते। तमुत्पादयामि।

अन्यासु भित्तिसु मया निशि पाटितासु
क्षारक्षतासु विषमासु च कल्पनासु।
दृष्ट्वा प्रभातसमये प्रतिवेशिवर्गो
दोषाश्च मे वदति कर्मणि कौशलं च।।14।।

नमो वरदाय कुमारकार्त्तिकेयाय नमः कनकशक्तये ब्रह्मण्यदेवाय देवव्रताय नमो भास्करनन्दिने नमो योगाचार्याय यस्याहं प्रथमः शिष्यः। तेन च परितुष्टेन योगरोचना मे दत्ता।

अनया हि समालब्धं न मां द्रक्ष्यन्ति रक्षिणः।
शस्त्रं च पतितं गात्रे रुजं नोत्पादयिष्यति।।15।।

(तथा करोति।) धिक्कष्टम्। प्रमाणसूत्रं मे विस्मृतम्। *(विचिन्त्य।)* आं इदं यज्ञोपवीतप्रमाणसूत्रं भविष्यति। यज्ञोपवीतं हि नाम ब्राह्मणस्य महदुपकरणद्रव्यं विशेषतोऽस्मद्विधस्य। कुतः।

एतेन मापयति भित्तिषु कर्ममार्ग-
मेतेन मोचयति भूषणसंप्रयोगान्।
उद्घाटको भवति यन्त्रदृढे कपाटे
दष्टस्य कीटभुजगैः परिवेष्टनं च।।16।।

मापयित्वा कर्म समारभे। *(तथा कृत्वाऽवलोक्य च।)* एकलोष्टावशेषोऽयं संधिः। धिक्कष्टम्। अहिना दष्टोऽस्मि। *(यज्ञोपवीतेनाङ्गुलीं बद्ध्वा*

विषवेगं नाटयति। चिकित्सां कृत्वा।) स्वस्थोऽस्मि। *(पुनः कर्म कृत्वा दृष्ट्वा च।)* अये ज्वलति प्रदीपः। तथा हि।

शिखा प्रदीपस्य सुवर्णपिञ्जरा महीतले संधिमुखेन निर्गता।
विभाति पर्यन्ततमःसमावृता सुवर्णरेखेव कषे निवेशिता।।17।।

(पुनः कर्म कृत्वा।) समाप्तोऽयं संधिः। भवतु। प्रविशामि। अथ वा न तावत्प्रविशामि। प्रतिपुरुषं निवेशयामि। *(तथा कृत्वा।)* अये न कश्चित्। नमः कार्त्तिकेयाय। *(प्रविश्य दृष्ट्वा च।)* अये पुरुषद्वयं सुप्तम्। भवतु। आत्मरक्षार्थं द्वारमुद्घाटयामि। कथं जीर्णत्वाद्गृहस्य विरौति कपाटम्। तद्यावत्सलिलमन्वेषयामि। क्व न खलु सलिलं भविष्यति। *(इतस्ततो दृष्ट्वा सलिलं गृहीत्वा क्षिपन्सशङ्कम्।)* मा तावद्भूमौ पतच्छब्दमुत्पादयेत्। भवतु। एवं तावत्। *(पृष्ठेन प्रतीक्ष्य कपाटमुद्घाट्य।)* भवतु। एवं तावत्। इदानीं परीक्षे किं लक्ष्यसुप्तमुत परमार्थसुप्तमिदं द्वयम्। *(त्रासयित्वा परीक्ष्य च।)* अये परमार्थसुप्तनानेन भवितव्यम्। तथा हि।

निःश्वासोऽस्य न शङ्कितः सुविशवदस्तुल्यान्तरं वर्तते
दृष्टिर्गाढनिमीलिता न विकला नाभ्यन्तरे चञ्चला।
गात्रं स्रस्तशरीरसंधिशिथिलं शय्याप्रमाणाधिकं
दीपं चापि न मर्षयेदभिमुखं स्याल्लक्ष्यसुप्तं यदि।।18।।

(समन्तादवलोक्य) अये कथं मृदङ्गः। अयं दर्दुरः। अयं पणवः। इयमपि वीणा एते वंशाः। अमी पुस्तकाः। कथं नाट्याचार्यस्य गृहमिदम्। अथ वा भवनप्रत्ययात् प्रविष्टोऽस्मि।
तत्किं परमार्थदरिद्रोऽयमुत राजभयाच्चौरभयाद्वा भूमिष्ठं द्रव्यं धारयति। तन्ममापि नाम शर्विलकस्य भूमिष्ठं द्रव्यम्। भवतु। बीजं प्रक्षिपामि। *(तथा कृत्वा।)* निक्षिप्तं बीजं न क्वचित्स्फारीभवति। अये परमार्थदरिद्रोऽयम्। भवतु। गच्छामि।

विदूषक : (उत्स्वप्नायते। भो वयस्य संधिरिव दृश्यते। चौरमिव पश्यामि। तद्गृहणतु भवानेतत्सुवर्णभाण्डम्। *(भो वअस्स संधी विअ दिज्जदि। चोरं विअ पेक्खामि। ता गेण्हदु भवं एदं सुवण्णभण्डअम्।)*

शर्विलक : किं न खल्वयमिह मां प्रविष्टं ज्ञात्वा दरिद्रोऽस्मीत्युपहसति। तत्किं व्यापादयामि उत लघुत्वादुत्स्वप्नायते। *(दृष्ट्वा।)* अये जर्जरस्नानशाटी-निबद्धं दीपप्रभयोद्दीपितं सत्यमेवैतदलंकरणभाण्डम्। भवतु। गृह्णमि। अथ वा न युक्तं तुल्यावस्थं कुलपुत्रजनं पीडयितुम्। तद्गच्छामि।

विदूषक : भो वयस्य शापितोऽसि गोब्राह्मणकाम्यया यद्येतत्सुवर्णभाण्डं न गृणसि। (भो वअस्स साविदोसि गोबह्मणकामाए जइ एदं सुवण्णभण्डअं

ण गेह्णमि। शर्विलक-अनतिक्रमणीया भगवती गोकाम्या ब्राह्मणकाम्या चा तद् गृह्णामि। अथ वा ज्वलति प्रदीपः। अस्ति च मया प्रदीपनिर्वापणार्थमाग्नेयः कीटो धार्यते। तं तावत्प्रवेशयामि। तस्यायं देशकालः। एष मुक्तो मया कीटो यात्वैवास्य दीपस्योपरि मण्डलैर्विचित्रैर्विचरति। एष पक्षद्वयानिलेन निवार्पितो भद्रपीठेन। धिक्। कृतमन्धकारम्। अथ वा मयाऽप्यस्मद्ब्राह्मणकुले धिक् कृतमन्धकारम्। अहं हि चतुर्वेदविदोऽप्रतिग्राहकस्य पुत्रः शर्विलको नाम ब्राह्मणो गणिकामदनिकार्थमकार्यमनुतिष्ठामि। इदानीं करोमि ब्राह्मणस्य प्रणयम्। *(इति जिघृक्षति।)*

विदूषक : भो वयस्य शीतलस्तेऽग्रहस्तः। *(भो वअस्स सीदलो दे अग्गहत्थो।)*

शर्विलक : धिक्प्रमादः। सलिलसंपर्काच्छीतलो मेऽग्रहस्तः। भवतु। कक्षयोर्हस्तं प्रक्षिपामि। *(नाट्येन सव्यहस्तमुष्णीकृत्य गृह्णति।)*

विदूषक : गृहीतम्। *(गहिदम्।)*

शर्विलक : अनतिक्रमणीयोऽयं ब्राह्मणप्रणयः। तद्गृहीतम्।

विदूषक : इदानीं विक्रीतपण्य इव वणिगहं सुखं स्वप्स्यामि। *(दाणिं विक्किणिदपण्णो विअ वाणिओ अहं सुहं सुविस्सम्।)*

शर्विलक : महाब्राह्मण स्वपिहि वर्षशतम्। कष्टमेवं मदनिकागणिकार्थं ब्राह्मणकुलं तमसि पातितम्। अथ वाऽऽत्मा पातितः।

धिगस्तु खलु दारिद्र्यमनिर्वेदितपौरुषम्।
यदेतद्गर्हितं कर्म निन्दामि च करोमि च।।19।।

तद्यावन्मदनिकाया निष्क्रयणार्थं वसन्तसेनागृहं गच्छामि। *(परिक्रम्यावलोक्य च।)* अये पदशब्द इव। मा नाम रक्षिणः। भवतु। स्तम्भीभूत्वा तिष्ठामि। अथ वा ममापि नाम शर्विलकस्य रक्षिणः। योऽहं

मार्जारः क्रमणे मृगः प्रसरणे श्येनो ग्रहालुञ्चने
सुप्तासुप्तमनुष्यवीर्यतुलने श्वा सर्पणे पन्नगः।
माया रूपशरीरवेशरचने वाग्देशभाषान्तरे
दीपो रात्रिषु संकटेषु डुडुभो वाजी स्थले नौर्जले।।20।।

अपि च।

भुजग इव गतौ गिरिः स्थिरत्वे पतगपतेः परिसर्पणे च तुल्यः।
शश इव भुवनावलोकनेऽहं वृक इव च ग्रहणे बले च सिंहः।।21।।

(प्रविश्य)

रदनिका : हा धिक् हा धिक् बहिर्द्वारशालायां प्रसुप्तो वर्धमानकः सोऽप्यत्र न दृश्यते। भवतु। आर्यमैत्रेयामाह्वयामि। *(इति परिक्रामति।) (हद्धी हद्धी बाहिरदुआरसालाए पसुत्तो वड्ढमाणओ सोवि एत्थ ण दीसइ। भोदु। अज्जमित्तेअं सद्दावेमि।)*

शर्विलक : *(रदनिकां हन्तुमिच्छति। निरूप्य।)* कथं स्त्री। भवतु। गच्छामि। *(इति निष्क्रान्तः।)*

रदनिका : *(गत्वा सत्रासम्।)* हा धिक् हा धिक् अस्माकं गृहे संधिं कल्पयित्वा चौरो निष्क्रामति। भवतु। मैत्रेयं गत्वा प्रबोधयामि। *(विदूषकमुपगम्य।)* आर्य मैत्रेय उत्तिष्ठोत्तिष्ठ। अस्माकं गेहे संधिं कल्पयित्वा चौरो निष्क्रान्तः। *(हद्धी हद्धी अम्हाणं गेहे संधि कप्पिअ चोरो णिक्कमति। भोदु। मित्तेअं गदुअ पबोधेमि। अज्ज मित्तेअ उठ्ठेहि उठ्ठेहि। अम्हाणं गेहे संधिं कप्पिअ चोरो णिक्कन्तो।)*

विदूषक : *(उत्थाय।)* आः दास्याःपुत्रिके किं भणसि। चौरं कल्पयित्वा संधिर्निष्क्रान्तः। *(आः दासीएधीए किं भाणासि। चोरं कप्पिअ संधी णिक्कन्तो।)*

रदनिका : हताश अलं परिहासेन। किं न प्रेक्षस एतद्। *(हदास अलं परिहासेण। किं ण पेक्खिसि एणम्।)*

विदूषक : आः दास्याःपुत्रिके किं भणसि द्वितीयमिव द्वारमुद्घाटितमिति। भो वयस्य चारुदत्त उत्तिष्ठोत्तिष्ठ। अस्माकं गेहे संधिं दत्त्वा चौरो निष्क्रान्तः। *(आः दासीए धीए किं भणास दुदिअं विअ दुआरअं उग्घाडिदं त्ति। भो वअस्स चारुदत्त उठ्ठहि उठ्ठहि। अम्हाणं गेहे संधिं दइअ चोरो णिक्कन्तो।)*

चारुदत्त : भवतु। भोः अलं पिरहासेन।

विदूषक : भोः न परिहासः। प्रेक्षतां भवान्। *(भो ण परिहासो। पेक्खदु भवम्।)*

चारुदत्त : कस्मिन्नुद्देशे।

विदूषक : भोः एषः। *(भो एसो।)*

चारुदत्त : *(विलोक्य।)* अहो दर्शनीयोऽयं संधिः।

> उपरितलनिपातितेष्टकोऽयं शिरसि तनुर्विपुलश्च मध्यदेशे।
> असदृशजनसंप्रयोगभीरोर्हृदयमिव स्फुटितं महागृहस्य।।22।।

कथमस्मिन्नपि कर्मणि कुशलता।

विदूषक : भो वयस्य अयं संधिर्द्वाभ्यामेव दत्तो भवेत्। अथ वाऽऽगन्तुकेन शिक्षितुकामेन वा। अन्यथाऽत्रोज्जयिन्यां कोऽस्माकं गृहविभवं न जानाति। *(भो वअस्स अअं संधी दुवेहिं ज्जेव्व दिण्णो भवे। आदु*

आगन्तुएण सिक्खिदुकामेण वा। अण्णधा इध उज्जइणीए को अम्हाणं घरविहवं ण जाणादि।)

चारुदत्त : वैदेश्येन कृतो भवेन्मम गृहे व्यापारमभ्यस्यता
नासौ वेदितवान्धनैर्विरहितं विस्रब्धसुप्तं जनम्।
दृष्ट्वा प्राङ्महतीं निवासरचनामस्माकमाशान्वितः
संधिच्छेदनखिन्न एव सुचिरं पश्चान्निराशो गतः।।23।।

ततः सुहृद्भ्यः किमसौ कथयिष्यति तपस्वी। सार्थवाहसुतस्य गृहं प्रविश्य न किंचिन्मया समासादितमिति।

विदूषक : भोः कथं तमेव चौरहतकमनुशोचसि। तेन चिन्तितं महदेतद्गृहम्। इतो रत्नभाण्डं सुवर्णभाण्डंवा निष्क्रामयिष्यामि। *(स्मृत्वा। सविषाद-मात्मगतम्।)* कुत्र तत्सुवर्णभाण्डम्। *(पुनरनुस्मत्य। प्रकाशम्।)* भो वयस्य त्वं सर्वकालं भणसि। मूर्खो मैत्रेयोऽपण्डितो मैत्रेय इति। सुष्ठु मया कृतं तत्सुवर्णभाण्डं भवतो हस्ते समर्पयता। अन्यथा दास्याः पुत्रेणापहृतं भवेत्। *(भो कधं तं ज्जेव्व चोरहदयअं अणुसोचसि। तेण चिन्तिदं महन्तं एदं महन्तं एदं गेहम्। इदो रअणभण्डअं सुवण्णभण्डअं वा णिक्कामइस्सामि। कहिं तं सुवण्णभण्डअम्। भो वअस्स तुमं सव्वकालं भणासि। मुक्खो मित्तेअओ अपण्डिदो मित्तेअओ त्ति। सुट्ठु मए किदं तं सुवण्णभण्डअं भवदो हत्थे सम्प्पअन्तेण। अण्णधा दासीएपुत्तेण अवहदं भवे।)*

चारुदत्त : अलं परिहासेन।

विदूषक : भोः यथा नामाहं मूर्खस्तत्किं परिहासस्यापि देशकालं न जानामि। (भो जह णाम अहं मुक्खो ता किं परिहासस्य वि देशआलं ण जाणामि।

चारुदत्त : कस्यां वेलायाम्।

विदूषक : भोः यदा त्वं मया भणितोऽसि शीतलस्तेऽग्रहस्तः। *(भो जदा तुमं मए भणिदो सि शीदलो दे अग्गहत्थो।)*

चारुदत्त : कदाचिदेवमपि स्यात्। *(सर्वतो निरूप्य। सहर्षम्।)* वयस्य दिष्ट्वा ते प्रियं निवेदयामि।

विदूषक : किं नापहृतम्। *(किं ण अवहदम्।)*

चारुदत्त : हृतम्।

विदूषक : तथाऽपि किं प्रियम्। *(तधा वि किं पिअम्।)*

चारुदत्त : यदसौ कृतार्थो गतः।

विदूषक : न्यासः खलु सः। *(णासो क्खु सो।)*

चारुदत्त : कथं न्यासः। *(मोहमुपगतः।)*

विदूषक : समाश्वसितु भवान्। यदि न्यासश्चौरेणापहृतस्त्वं किं मोहमुगतः।

(समस्ससदु भवम्। जइ णासो चोरण अवहदो तुमं किं मोहं उवगदो।)

चारुदत्त : *(समाश्वस्य।)* वयस्य।

कः श्रद्धास्यति भूतार्थं सर्वो मां तुलयिष्यति।
शङ्कनीया हि लोकेऽस्मिन्निष्प्रतापा दरिद्रता।।24।।

भोः कष्टम्।

यदि तावत्कृतान्तेन प्रणयोऽर्थेषु मे कृतः।
किमिदानीं नृशंसेन चारित्रमपि दूषितम।।25।।

विदूषक : अहं खल्वलपिष्यामि केन दत्तं केन गृहीतं को वा साक्षीति। *(अहं क्खु अवलचिस्सं केण दिण्णं केण गहिदं को वा सक्खि त्ति।)*

चारुदत्त : अहमिदानीमनृतमभिधास्ये।

भैक्षेणाप्यजर्यिष्यामि पुनर्न्यासप्रतिक्रियाम्।
अनृतं नाभिधास्यामि चारित्रभ्रंशकारणम्।।26।।

रदनिका : तद्यावदार्याधूतायै गत्वा निवेदयामि। *(इति निष्क्रान्ता।)* (ता जाव अज्जधूदाए गदुअ णिवेदेमि।

(ततः प्रविशति चेट्या सह चारुदत्तवधूः।)

वधू : *(ससंभ्रमम्।)* अयि सत्यमपरिक्षतशरीर आर्यपुत्र आर्यमैत्रेयेण सह। *(अइ सच्चं अवरिक्खदसरीरो अज्जउत्तो अज्जमित्तेएण सह।)*

चेटी : भर्त्रि सत्यम्। किं तु यः स वेश्याजनस्यालंकारः सोऽपहृतः। *(भट्टिणि सच्चम्। किं तु जो सो वेस्साजणकेरको अलंकारओ सो अवहदो।)*

वधू : *(मोहं नाटयति।)*

चेटी : समाश्वसित्वार्या धूता। *(समस्ससदु अज्जा धूदा।)*

वधू : *(समाश्वस्य।)* चेटि किं भणसि अपरिक्षतशरीर आर्यपुत्र इति। वरमिदानीं स शरीरेण परिक्षतः न पुनश्चारित्रेण। सांप्रतमुज्जयिन्यां जन एवं मन्त्रयिष्यति दरिद्रतयाऽऽर्यपुत्रेणैवेदृशमकार्यमनुष्ठितमिति। *(ऊर्ध्वमवलोक्य निःश्वस्य च।)* भगवकृतान्त पुष्करपत्रपतितजल-बिन्दुचञ्चलैः क्रीडसि दरिद्रपुरुषभागधेयैः। इयं च म एका मातृगृहलब्धा रत्नावली तिष्ठति। एतामप्यति-शौण्डीरतयाऽऽर्यपुत्रो न ग्रहीष्यति। चेटि आर्यमैत्रेयं तावच्छब्दापय। (हञ्जे किं भणासि अवरिक्खदसरीरो अज्जउत्तो त्ति। वरं दाणि सो सरीरेण परिक्खदो ण उण चारित्तेण। संपदं उज्जइणीए जणो एव्वं मन्तइस्सदि दलिद्ददाए अज्जेउतेण ज्जेव्व ईदिसं अकज्जं

अणुचिट्ठिदं त्ति। भअवं कअन्त पोक्खरवत्तपडिदजल-बिन्दुचञ्चलेहिं कीलसि दलिद्दपुरिसभाअधेएहिं। इअं च मे एक्का मादुघरलद्धा रअणावली चिट्ठदि। एदं पि अदिसोण्डीरदाए अज्जउत्तो ण गेण्हिस्सदि। हञ्जे अज्जमित्तेअं दाव सद्दावेहि।

चेटी : यदार्या धूताऽऽज्ञापयति। *(विदूषकमुपगम्य।)* आर्यं मैत्रेय धूता त्वामाह्वयति। *(जं अज्जा धूदा आणवेदि। अज्ज मित्तेअ धूदा दे सद्दावेदि।)*

विदूषक : कुत्र सा। *(कहिं सा।)*

चेटी : एषा तिष्ठति। उपसर्प। *(एसा चिट्ठदि। उवसप्प।)*

विदूषक : *(उपसृत्य।)* स्वस्ति भवत्यै। *(सोत्थि भोदीए।)*

वधू : आर्य वन्दे। आर्य पुरस्तान्मुखो भव। *(अज्ज वन्दामि। अज्ज पुरत्थिआमुहो होहि।)*

विदूषक : एष भवति पुरस्तान्मुखः संवृत्तोऽस्मि। *(एसो भोदि पुरत्थिआमुहो संवुत्तो म्हि।)*

वधू : आर्य प्रतीच्छेमाम्। *(अज्ज पडिच्छ इमम्।)*

विदूषक : किं न्विदम्। *(किं ण्णेदम्।)*

वधू : अहं खलु रत्नषष्ठीमुपोषिताऽऽसम्। तत्र यथाविभवानुसारेण ब्राह्मणः प्रतिग्राहयितव्यः। स च न प्रतिग्राहितः। तत्तस्य कृते प्रतीच्छेमां रत्नमालिकाम्। *(अहं क्खु रअणसट्ठिं उववसिदा आसि। तहिं जधा-वहिवाणुसारेण बम्हणो पडिग्गाहिदव्वो। सो अ ण पडिग्गाहिदो। ता तस्स किदे पडिच्छ इमं रअणमालिअं।)*

विदूषक : *(गृहीत्वा।)* स्वस्ति। गमिष्यामि। प्रियवयस्याय निवेदयामि। *(सोत्थि। गमिस्सम्। पिअवअस्सस्स णिवेदेमि।)*

वधू : आर्य मैत्रेय मा खलु मां लज्जितां कुरु। *(इति निष्क्रान्ता।)* *(अज्ज मित्तेअ मा क्खु मं लज्जावेहि।)*

विदूषक : *(सविस्मयम्।)* अहो अस्या महानुभावता। *(अहो से महाणुभावदा।)*

चारुदत्त : अये चिरयति मैत्रेयः। मा नाम वैक्लव्यादकार्यं कुर्यात्। मैत्रेय मैत्रेय।

विदूषक : *(उपसृत्य।)* एषोऽस्मि। गृहाणैताम्। *(रत्नावलीं दर्शयति।)* *(एसो म्हि। गेण्ह एदम्।)*

चारुदत्त : किमेतत्।

विदूषक : भोः यत्ते सदृशदारसंग्रहस्य फलम्। *(भो जं दे सरिसदारसंगहस्स फलम्)*

चारुदत्त : कथं ब्राह्मणी मामनुकम्पते। कष्टम्। इदानीमस्मि दरिद्रः।

आत्मभाग्यक्षतद्रव्यः स्त्रीद्रव्येणानुकम्पितः।
अर्थतः पुरुषो नारी या नारी साऽर्थतः पुमान्।।27।।

अथ वा। नाहं दरिद्रः। यस्य मम

विभवानुगता भार्या सुखदुःखसुहृद्भवान्।
सत्यं च न परिभ्रष्टं यद्दरिद्रेषु दुर्लभम्।।28।।

मैत्रेय गच्छ रत्नावलीमादाय वसन्तसेनायाः सकाशम्। वक्तव्या च सा मद्वचनात्। यत्खल्वस्माभिः सुवर्णभाण्डमात्मीयमिति कृत्वा विस्रम्भाद्द्यूते हारितम्। तस्य कृते गृह्यतामियं रत्नावलीति।

विदूषक : मा तावदखादितस्याभुक्तस्याल्पमूल्यस्य चौरैरपहृतस्य कारणाच्चतुः समुद्रसारभूता रत्नावली दीयते। *(मा दाव अक्खाइदस्स अभुत्तस्स अप्पमूल्लस्स चोरेहिं अवहदस्त कारणादो चदुस्समुद्दसारभूदा रअणावली दीअदि।)*

चारुदत्त : वयस्य मा मैवम्।

यं समालम्ब्य विश्वासं न्यासोऽस्मासु तया कृतः।
तस्यैतन्महतो मूल्यं प्रत्ययस्यैव दीयते।।29।।

तद्वयस्य अस्मच्छरीरस्पृष्टिकया शापितोऽसि नैनामग्राहयित्वाऽत्रा-गन्तव्यम्। वर्धमानक।

एताभिरिष्टकाभिः क्रियतां सुसंहतः शीघ्रम्।
परिवादबहलदोषान्न यस्य रक्षां परिहरामि।।30।।

वयस्य मैत्रेय भवताऽप्यकृपणशौण्डीर्यमभिधातव्यम्।

विदूषक : भो दरिद्रः किमकृपणं मन्त्रयते। *(भो दलिद्दो किं अकिवणं मन्तेदि।)*

चारुदत्त : अदरिद्रोऽस्मि सखे यस्य मम *('विभवानुगता भार्या'(3।28) इत्यादि पुनः पठति।)* तद्गच्छतु भवान्। अहमपि कृतशौचः संध्यामुपासे।

(इति निष्क्रान्ताः सर्वे।)

इति संधिच्छेदो नाम तृतीयोङ्कः।

वीणावासवदत्तम्

प्रथमोऽङ्कः

(नान्द्यन्ते ततः प्रविशति सूत्रधारः।)

सूत्रधार : जयति गिरिसुतास्तनावमर्दप्रविरलभस्मविराजिपीनवक्षाः।
स्वशरहुतवहे हुतासुरश्रीः पितृवनरङ्गमहानटस्त्रिनेत्रः।।1।।

(परिक्रम्य नेपथ्याभिमुखमवलोक्य)

आर्ये। इतस्तावत्।

(प्रविश्य)

नटी : अय्य। इअह्मि। *(आर्य। इयमस्मि।)*

सूत्र. : आर्ये। अद्य खल्वहं त्वद्गीतप्रसादिते रङ्गे किञ्चिन्नाटकमारब्धुमिच्छामि।

नटी : असमत्था अहमज्ज गादुं। *(असमर्थहमद्य गातुम्।)*

सूत्र. : किं नु खलु कारणम्। *(विचिन्त्य)* कन्याप्रदानं प्रति मामनादरं मन्यसे।

नटी : दिट्ठिआ इदाणिं पि अय्येण सुमरिदं। *(दिष्ट्या इदानीमप्यार्येण स्मृतम।)*

सूत्र. : अलमतित्वरया। कुतः-

विवाहो जन्म मरणं यत्र येन यदा भवेत्।
तत्र तेन तदैवैतज्जत्यते किल नान्यथा।।2।।

नटी : अळं इदिसेण उत्तरेण। संपत्तजोव्वणा सा दारिआ। बहुआ च तं पत्थअन्तो। अणुरूवेसु कुळेसु कण्णआणं विवाहो कादव्वो। *(अलमीदृशेनोत्तरेण। सम्प्राप्तयौवना सा दारिका। बहवश्च तां प्रार्थयमानाः। अनुरूपेषु कुलेषु कन्याकानां विवाहः कर्तव्यः।)*

सूत्र. : यद्येवं व्रतनियमोपवासैर्भगवन्तं महेश्वरमाराध्य तदभिप्रेताय दास्यामि। कुतः—

नृपमौलितलस्थाज्ञो जिष्णुरक्षौहिणीपतिः।
राजापि तावत् प्रद्योतः कर्तुमारब्धवान् यथा।।3।।

(निष्क्रान्तौ।)

।। स्थापना ।।

(ततः प्रविशति शालङ्कायनो वसुवर्मा च।)

शालङ्कायन : वसुवर्मन्। अहो सर्वेष्वपत्येषु वासवदत्तां प्रत्यतिस्नेहता महाराजस्य। कुतः—

तामश्मकेश्वरसुतस्य सुनिश्चतोऽपि
दातुं पुनः प्रबलहार्दतया निवृत्य।
दास्यामि यद्यनुमतं भगवान् प्रदद्यात्
तत्रेति शम्भुमभिराधयितुं प्रवृत्तः ।।4।।

वसुवर्मा : कथमिव तस्यामतिरेकस्नेहो महाराजो न स्यात्। सा हि-

सौभाग्यश्रीविनय मधुरालापचातुर्यलज्जा-
लीलाद्यानां परमवनिताभूषणानां गुणानाम्।
मञ्जूषेव क्षितिपवृषभे साध्विमां पालयेति
न्यस्तान्यत्र व्ययबहुलतां नेच्छता भूतधात्रा ।।5।।

शालं. : भोः। कथाप्रसङ्गादविदितान्तरालमार्गाः। प्रविष्टाः स्मश्चित्र-मण्डपम्। *(उभौ परिक्रम्य तिष्ठतः। ततः प्रविशति प्रतिहारिका।)*

प्रति. : *(सहर्षं)* अम्मो। भट्टिणो इट्ठसिविणदस्सणेण पवुत्त पीदिप्पवाह भरिददाए तुअरन्ती विअं ण पारेमि सिगघ गन्तुम्। *(परिक्रम्य)* अम्मो। अमच्चो अय्यसाळङ्काअणो वसुवम्मा अ। भोदु। पिअं दाव निवेदइस्सम्ः *(उपेत्य)* सुहं दाव अय्याणम्। भट्टिणो अभिप्पेदसि-विणदस्सणेण वड्ढीअदु। *(अम्मो। भतुरिष्टस्वप्नदर्शनेन प्रवृत्तप्रीति-प्रवाहभरिततया त्वरमाणाप्यहं न पारयामि शीघ्रं गन्तुम्। (परिक्रम्य) अम्मो। अमात्यः आर्यशालङ्कायनो वसुवर्मा च। भवतु। प्रियं तावन्निवेदयिष्यामि। (उपेत्य) सुखं तावदार्याणाम्। भर्तुरभिप्रेत-स्वप्नदर्शनेन वर्धापयन्तु।)*

उभौ : एवंरूपाणां प्रियाख्यानशतानां निवदिकैव भवतु भवती। कुत्र खलु वर्तते महाराजः।

प्रति. : सअं णिअमगिहादो णिग्गच्छिअ भट्टा ह्णगिहं पविसिअ सौवण्ण-पदुमपीठमज्झगओ रदणसिरीससिद्धत्थकुसुमगब्भेहि मन्तपूदविमळ-सुरभिसीदळसळिळसम्पुण्णेहि कणअ कळसेहि ण्हाइअ किदमङ्गळ-सोत्थिविहाणो अहदक्खोमणिवसणो हुतग्गिहोत्तो पुव्वोत्तर दिसाभाए कणअभद्दपीठे पुव्वा मुहं उपविसिअ अणाणत्त समुदीरिदेसु मङ्गळपटहेसु परोहिदप्पमुहाणं बह्मणाणं रदणपुण्णपाणीणं हेमासणगदाणं जहादिट्ठं सिविणं णिवेदिअ तेहि सव्वेहि पसादफुळ्ळवदणेहि ''साहु। सफळो'' त्ति पुणो पुणो पसंसिअसिविणो विसज्जिअ तं जहाणुरूवं दुजादिजणं

अय्येण भरदरोहएण सह कणअप्पासादादो ओदरइ— *(स्वयं नियमगृहान्निर्गत्य भर्ता स्नानगृहं प्रविश्य सौवर्णपद्मपीठमध्यगतो रत्नशिरीषसिद्धार्थकुसुमगर्भैमन्त्रपूतविमलसुरभिशीतलसलिल-सम्पूर्णैः कनककलशैः स्नात्वा कृत-मङ्गलस्वस्तिविधानोऽहतक्षौमनिवसनो हुताग्निहोत्रः पूर्वोत्तरदिशाभागे कनकभद्रपीठे पूर्वाभिमुखमुपविश्य अनाज्ञप्तसमुदीरितेषु मङ्गलपटहेषु पुरोहितप्रमुखाणां ब्राह्मणानां रत्नपूर्णपाणीनां हेमासनगतानां यथादृष्टं स्वप्नं निवेद्य तैस्सर्वैः प्रसादफुल्लवदनैः ''साधु। सफलः'' इति पुनः पुनः प्रशंसितस्वप्नो विसृज्य तं यथानुरूपं द्विजातिजनं आर्येण भरतरोहकेण सह कनकप्रासादादवतरति—)*

शालं. : विजयाय।

वसु. : कुत्र पुनत्वं प्रस्थितासि।

प्रति. : सव्वेसु देवाअदणेसु सविसेसा अज्ज पूआ कादव्व त्ति कञ्चूईअस्स अय्य मअदासस्स णिवेदेदुम्। *(सर्वेषु देवायतनतेषु सविशेषाद्य पूजा कर्तवयेति काञ्चुकीयस्य आर्यभवदासस्य निवेदयितुम्।)*

शालं. : साधु। युक्तमेतत्।

प्रति. : अहं खु दाणि भट्टिणो आणतिं अणुचिट्ठिस्सम्। *(अहं खल्विदानीं भर्तुराज्ञप्तिमनुतिष्ठामि।) (निष्कान्ता।)*

वसु. : *(विलोक्य)* अये। अयं महाराजः। एष हि—

सितरुचिरदुकूलो निर्गतः खेलगामी
नरपतिरुपवासक्लान्तदेहो विमानात्।
कनकगिरिगुहान्ताद् गन्धहस्तीव गौरः
प्रचुरमदविसर्गात् किञ्चन क्षामगात्रः।।6।।

(ततः प्रविशति राजा भरतरोहकश्च।)

राजा : सखे भरतरोहक। मया सुखमिति वासवदत्तां दातुमेष संश्रितो मार्गः। वरप्रदानादपि दुःखे पुनर्मामभियोजितवान् भगवान् भवः।

भर : स्वामिन्। शम्भोः प्रसादात् तदकृच्छ्रेणैव सिद्ध्यति।

राजा : तदेवास्तु।

(उभौ परिक्रामतः।)

भरत : देव। प्रविष्टाः स्मश्चित्रमण्डपम्।

शालङ्कायनवसुवर्माणौ- विजयातां देवः।

भरत : उपवासश्रान्ततया न युक्तमिह चिरं स्थातुम्।

राजा : तथास्तु। *(आसनमारोहति।)*

शालं. : अभिप्रेततमो महाराजेनाद्य स्वप्नो दृष्ट इति सकलं राजकुलं प्रीति:विशेषादस्वतन्त्रमिव।

राजा : नन्वार्यस्तं श्रोतुकामः?

शालं. : यदि देवस्यायासो न स्यात्।

राजा : तत्सम्प्रधारणर्थमेव नन्वागता वयम्।

शालं. : अनुगृहीतोऽस्मि।

राजा : आर्य। ह्यः खल्वहं व्रतनियमोपवासैर्देवपूजया दिवसं नीत्वा प्राप्तायां रजन्यां निद्रावशमुपगतवान्।

शालं. : ततस्तः।

राजा : ततः—

> प्रविलम्बि भुजङ्गभोगहारं
> शशिलेखास्मितवज्जटाकिरीटम्।
> भगवन्तमुपेतमभ्यपश्यं
> गिरिशं भस्मविलेपनावदातम्।।7।।

शालं. : अहो दैवसिद्धिः। ततस्ततः।

राजा : ततस्तद्दर्शनात् समुदीर्णहर्षस्त्वरिततरमुत्थाय प्रणम्य गगनतल-मभ्युच्छ्रिताञ्जलिरहमतिष्ठम्।

शालं. : ततस्ततः।

राजा : ततः स भगवान् सजलजलदमन्द्रस्तनितगम्भीरेण मनःश्रुतिह्लादिना स्वरेणैकं श्लोकमुक्त्वा अन्तर्हितः। अहमपि तेन ध्वनिना प्रबुद्धः।

शालं. : किं स्मृतिपथमवाप्तः सः श्लोकः।

राजा : श्रूयताम्—

> 'यो विक्रान्तः कुलीनो नयविनयपरः सर्वविद्याकलाज्ञो
> दाताऽव्याधिः कृतास्त्रो व्यसनविमुखधीर्निर्विकारो विपत्सु।
> मृत्योर्निर्भीश्चिरायुर्मृदुरतिसुभगो दीप्तिमान् प्राज्ञमन्त्री
> कन्या नीताप्यकामं भवति सुखयशोभागिनी तादृशेन'।।8।।

शालं. : देव। पट्टिकास्थितिरेवेदं संवरणम्।

राजा : सखे भरतरोहक। येऽस्माभिः सम्बन्धुकामाः को नु खलु तेषु सर्व-गुणैर्युक्तः।

भरत : दूषिता इव ते सर्वे भगवता शर्वण।

राजा : कथमिव।

भरत : अश्मकराजसूनुः सञ्जयो रुधिरोद्गारी पानप्रसक्तश्च। माधुरो राजा जयवर्मा मूर्खः। काशीपतिर्विष्णुसेनो मृगयाक्षप्रसङ्गी।

राजा :

> एभिर्गुणैर्विरचितः पुरुषोऽस्त्यवश्यं
> यूयं गवेषयत बुद्धिविलोचनैस्तम्।

तादृग्विधो भुवि न चेत् स्वयमभ्युपेत्य
ब्रूयात् कथं स भगवान् वृषराजकेतुः।।9।।

वसु. : सदृशमुक्तं प्रज्ञातिशयस्य।

भरत : मागधो राजा दर्शकः क्रूरः। अङ्गेश्वरो जयरथो विरुपः। मत्स्याधिपतिः शतमन्युः मत्सरी। सिन्धुराजः सुबन्धुर्भीरुः।

राजा : वसुवर्मन्। किमसि वक्तुकाम इव?

वसु. : उपलक्षित इव शङ्करानुमतो वरः।

राजा : कथयतु भवान्। कथयतु।

वसु. : त्रासः पुनर्मां वारयति।

राजा : मन्त्रो ननु वर्तते।

वसु. : एवं मन्ये—

विचित्य वत्सेश्वरकल्पवृक्षादम्लानशोभं गुणरत्नपुष्पम्।
श्लोकस्रगेषा ग्रथितेव यत्नाद्धीहेमसूत्रेण महेश्वरेण।।10।।

शालं. : अहो। सम्यगुपलक्षितम्।

राजा : यद्यसौ सर्वगुणसम्पन्नस्तथाप्यहं नोत्सहे स्वां दुहितरं तस्मै दातुम्।

भरत : किं नु खलु कारणम्।

राजा : स हि—

कुलबलमतिरूपविक्रमश्रुतिसचिवास्त्रविशेषगर्वितः।
न गणयति नरेश्वरान् क्षितौ मृगपतिपोत इव द्विपेश्वरान्।।11।।

भरत : यद्येवं तमिह बध्वानीय सर्वेषां मदव्याधीनां चिकित्सा ननु कर्तव्या।

राजा : किं तच्छक्यमिव।

भरत : देवपादानामाज्ञामात्रापेक्षिण्यो ननु सर्वाः कार्यसिद्धयः।

शालं. : येन वयं सम्बन्धार्थिनः, तद्बन्धने को गुणः।

भरत : साक्षात्कृत्य वरस्य गुणागुणयोर्निश्चयः कर्तव्यो, न लोकरवतः।

शालं. : किं स्वराज्यस्थ एव न शक्यः परीक्षितुम्।

भरत : आर्य। आपन्नाम—

नयक्षमाधृतिमतिशौर्यविक्रमप्रवीणताश्रुतबलवीर्यसम्पदः।
स्वबान्धवप्रणयिजनांश्च देहिनां परीक्षितुं निकषशिलेव निर्मिता।।12।।

शालं. : यदि ता गृह्यमाणस्यानिष्टं किञ्चत् स्यात्।

भरत : तत्र तस्य वरगुणविहीनतापरिव्यक्तिः, शत्रुवधात् स्वामिनसतेजोवृद्धिः, दर्शकस्य पक्षाघातः।

शालं. : परीक्ष्यमाणः सर्वैर्गुणैरसमान्वतो भवेत् ततः किम्।

भरत : कीर्तिविशेषो लाभश्च।

वसु. : कथं लाभः।

भरत : स खलु गान्धर्वे हस्तिशिक्षायामस्त्रसम्पदि चैकवीर इति लोके गण्यते।

यथाक्रमेण तत्तस्माच्छिक्ष्यन्ते च नृपात्मजाः।
दुष्टान् सर्वांश्च विधिवद् दमयिष्यति च द्विपान्।।13।।

शालं. : वत्सराजभायान्ननु पाञ्चलोऽस्माननुवर्तते।

भरत : अथ किम्।

शालं. : गृहीते वत्सराजे कौशाम्बीं प्रतिपत्स्यते सः। वद्वद्भिरपि नोपेक्षितव्या।

भरत : वत्सराजमोक्षभयाद् द्विगुणं त्रिगुणं वा सर्वप्रदानैरारुणिरनुदिनमस्माकं महाराजमाराधयिष्यति। अपि च—

अनिर्जितात्मा स्वविधेयबुद्धिः
प्रचण्डदण्डो निकृतिप्रधानः।
नाशो भवेत्तस्य विभूतिवृद्ध्या
लताभिवृद्ध्येव महीरुहस्य।।14।।

राजा : यदि तस्य परीक्ष्यमाणस्य लोकविख्याता गुणविभूतिरविसंवादिनी स्यात्, किमस्माभिः कार्यम्।

भरत : स नो महेश्वरानुमतो वरः।

राजा : सञ्श्रयाय तां दास्यामीति शुल्कं प्रतिगृह्य तस्मै न दत्तवानिति नन्वस्माकमयशः।

भरत : यथा *(वाच्यदोषो)* न भविष्यति तथोपायं करिष्यामि।

राजा : कथमिव।

भरत : स्वयमेव गमिष्यति।

राजा : ततोऽपि ननु पापकरम्।

भरत : तथापि देवादुपपन्नमिव दृश्यते।

राजा : कुतः।

भरत : तद्विधिप्रधानो ननु श्लोकार्थः। यथाप्रतिज्ञादाने त्रयो दोषाः।

राजा : के ते।

भरत : शम्भोरभिप्रायव्यतिक्रमः, कोशक्षयः, राजपुत्र्या दुःखभागिता च।

राजा : कथं कोशक्षयः।

भरत : शुल्काद् द्विगुणं त्रिगुणं वा तस्मै ननु देयम्।

राजा : धिक्। अतिकार्पण्यमभिहितम्।

भरत : देव। कार्येषु गुरुलाधवं नन्वत्र चिन्त्यते।

राजा : ततस्ततः।

भरत : वत्सराज *(स्य)* स्वयंप्रदाने सञ्जये प्रीतिविश्लषेऽपि संवादिता जाता, कीर्तिश्च।

राजा : नन्वत्रापि विद्यते कोशक्षयः।

भरत : आरुणिरस्माकं कटाक्षसाध्यः। तस्मात् स्वराज्यप्रदानादेव सत्कृतो भविष्यति।

शालं. : युक्तमभिहितम्।

भरत : प्रसह्य हरणे केवलं प्रमादिता ख्यातिः।

राजा : किमेतत् *(स्वल्पम्)*?

भरत : सदोषेषु कार्येषु यदल्पदोषं तत् प्रारब्धव्यम्।

वसु. : स्वामिन्। तत्राप्यहं वाच्यदोषं न पश्यामि। कुतः—

नीता बलात् प्रकृतिभद्र तरा सुभद्रा
यद्वासुभद्रभगिनी कपिकेतनेन।
देवस्य तेन समभूद् वचनीयता किं
तेजःप्रकाशयशसां यदुदन्तिनां वा ।।15।।

शालं. : साधु। निरुत्तरमभिहितं वसुवर्मणा।

भरत : स्वामिन्। देवस्यापि स एव विधिरिष्ट इव दृश्यते।

राजा : कथमिव।

भरत : तद्विधिप्रधानो ननु श्लोकार्थः।

राजा : स्यादेतत्।

शालं. : भोः। अस्ति पुनरुपायो वत्सराजं ग्रहीतुम्।

भरत : आर्य। विद्यते।

शालं. : कः खलु।

भरत : स किल—

बाल्ये गजोऽस्मीति नरेन्द्रमार्गे
क्रीडन् सहायैः सह हर्षमत्तैः।
अङ्गारकं नाम मुनिं प्रयान्तं
मुहुर्मुहुः पांसुभिरम्यषिञ्चत्।।16।।

शालं. : ततस्ततः।

भरत : ततस्तेन किल महर्षिणा समुपजातामर्षेण ''हस्तिहेतोरेव बन्धनं शत्रुवशं च यास्यसी'' ति स तदा शप्तः।

राजा : अहो नृशंसता महर्षेः।

भरत : सोऽद्य हस्तिबन्धनार्थं नगरान्निर्गतः।

राजा : कथं त्वयैतदुपलब्धम्।

भरत : अदूरस्थेनास्मदीयेन चारेण।

राजा : यद्येवं गृहीत एव वत्सराजः।

शालं. : कथमिदानीं प्रारब्धव्यम्।

भरत : स खल्विदानीं हस्तिबन्धनप्रियः। अतः—

आकृष्य द्विरदेन शिक्षितवता वन्यद्विपानां परां
लीलां कृत्रिमवर्णलक्षणवता मन्देन भद्रश्रिया।
शूरैः कक्षगतैरतीव बहुभिः स्निग्धायुधीयैर्बलैः
शक्यः शक्र इवर्षिशापविवशो युद्धे ग्रहीतुं बलात्।।17।।

वसु. : अहो सुनिपुणो ग्रहणोपायः।

शालं. : मनदहस्तिनियमः किम्।

भरत : कदाचित्कार्यविसंवादे परस्य वृद्धिर्माभूदिति।

शालं. : किमस्ति नस्तद्योगानुरूपो हस्ती।

भरत : अस्यैव कार्यस्य हेतोर्निगूढं परिकल्पिताश्चत्वारो हस्तिनः।

राजा : को नु खलु तत्र यास्यति।

भरत: आर्यशालङ्कायनः।

राजा : किं तच्छक्यमिव।

शालं. : अवन्ध्यफला हि देवस्याभिप्रायाः।

वसु. : कदा नु खल्वार्येण गन्तव्यम्।

भरत : यदा स राजा हस्तिवनं प्रविष्टवान्।

राजा : कथं पुनस्तज्ज्ञास्यामः।

भरत : न्यस्ता मया सर्वत्र हस्तिवनेषु वनचरपुलिन्दतापसाङ्गारिका-दिव्यञ्जनाश्चाराः। कौशाब्यां च तदनुरूपम्। तेम्यो यथावृत्तम् अकालहीनं मयोपलभ्यते।

राजा : सखे। किं त्वया पूर्वमेव व्यवसितं वत्सराजग्रहणम्।

भरत : नहि।

राजा : कथं पुनरेतत्सर्वं सुविहितम्।

भरत : देव। सर्वेषां राज्ञां छिद्रमुपलभ्य छिद्रानुरूपो विधिः प्रागेव मया क्रियते, स्वामिनः पश्चादाज्ञासमकालमेवाभिप्रायसिद्धये।

राजा : सदृशमेतदाबाल्यवृद्धस्नेहपुरस्सरस्य प्रज्ञाविशेषस्य।
(प्रविश्य)

प्रतिहारिका : जेदु भट्टा। काळो दाणि अब्भन्तरं पविस्सिदुं।
(जयतु भर्ता। काल इदानीमभ्यन्तरं प्रवेष्टुम्।)

भरत : देव। परिसमाप्तो ननु मन्त्रः।

राजा : तथास्तु।
(सर्वे उत्थाय परिक्रामन्ति।)

प्रति. : इदो इदो भट्टा। *(इत इतो भर्ता।)*
(निष्क्रान्ताः सर्वे।)

।। इति प्रथमोऽङ्कः।।

सन्दर्भ पुस्तकें

मृच्छकटिक, सं. एम.आर. काले, बुकसेलर पब्लिशिंग कं., मेहेंडले बिल्डिंग, वी.पी. रोड, मुम्बई-4

मृच्छकटिक, चौखम्बा प्रकाशन, चौक, वाराणसी।

पद्मप्राभृतक (चतुर्भाणी में)—डॉ. मोतीचन्द्र एवं डॉ. वासुदेवशरण अग्रवाल, हिन्दी ग्रन्थरत्नाकर कार्यालय प्रा.लि., हीराबाग, गिरगाँव, मुम्बई-4

पद्मप्राभृतक (हिन्दी रूपातर)—डॉ. भगवतीलाल राजपुरोहित, नाट्यम्-32 (सागर विश्वविद्यालय, सागर)।

सेज को सरोज (पद्मप्राभृतक का मालवी रूपांतर)—डॉ. भगवतीलाल राजपुरोहित, कालिदास प्रकाशन, जन्तर-मन्तर मार्ग, उज्जैन-456010

वीणावासवदत्तम्—कुप्पुस्वामी शास्त्री, रिसर्च इन्स्टीट्यूट, मद्रास-4 (1962)

वीणावासवदत्ता (हिन्दी रूपांतर व पूरक रचना)—डॉ. भगवतीलाल राजपुरोहित, नाट्यम्-16, सागर (म. प्र.)।

कथासरित्सागर में बेताल पंचविंशति (4)—मोतीलाल बनारसीदास, वाराणसी।

अवन्तिसुन्दरी कथासार—दण्डीकृत

कादम्बरी (बाणभट्टकृत)—चौखम्बा, वाराणसी।

संस्कृत नाटक और रंगमंच—डॉ. भगवतीलाल राजपुरोहित, शिवालिक प्रकाशन, दिल्ली-6 (2003)

●●●